DETRÁS DEL RUIDO

ÁNGEL MARTÍN

DETRÁS DEL RUIDO

Planeta

Av. Diagonal, 662-664, 08034 Barcelona
www.planetadelibros.com

Ilustraciones del interior: © J. Mauricio Restrepo

Diseño de maqueta: J. Mauricio Restrepo

Primera edición: noviembre de 2023
Depósito legal: B. 17.693-2023
ISBN: 978-84-08-28050-7
Preimpresión: J. A. Diseño Editorial, S. L.
Impresión: Unigraf
Printed in Spain – Impreso en España

El papel utilizado para la impresión de este libro está calificado como **papel ecológico** y procede de bosques gestionados de manera **sostenible**.

ÍNDICE

Para los que,

de vez en cuando,

no sabemos

ni por dónde empezar.

«APRENDE A DISTINGUIR lo que quieres de lo que necesitas».

No tengo ni idea de por qué, algunas veces, en mi cabeza aparecen ciertas frases que consiguen una especie de megáfono que les permite resonar por encima de cualquier otro pensamiento que pudiera estar teniendo justo en ese momento.

O quizá siempre ha sido así y lo único que pasa es que, desde que me ingresaron dos semanas en el ala de psiquiatría de un hospital por escuchar voces que no podía controlar, presto una atención milimétrica a cualquier cosa que suceda dentro de mi coco. Pero, en cualquier caso, lo que más me sorprende es que, de vez en cuando, haya voces que logren escucharse *detrás del ruido*.

Son voces que consiguen lo mismo que seguro has sentido tú cuando te presentan a alguien que te dijeron que era majo y, a los tres minutos de escuchar lo que te está contando, en tu cabeza claramente suena un: «Este pavo es gilipollas».

Pues esta mañana, mi cabeza ha despertado con la frase con la que he arrancado el libro:

«Aprende a distinguir lo que quieres
de lo que necesitas».

Y de repente no he podido evitar pensar en lo cansado que ha debido resultarle conseguir que la escuchara.

Me explico:

No sé cómo será el interior de tu cabeza al despertar, pero en la mía, nada más abrir los ojos, empiezan a circular los pensamientos de una forma que recuerda a cuando levantas una piedra y descubres que debajo hay mil hormigas que van de un lado para otro a toda hostia. Pues esta mañana, a pesar de que por la autopista de los pensamientos iban circulando al mismo tiempo y en desorden mil historias relacionadas con lo que tenía que hacer después de ducharme, vestirme, desayunar, y que, muy a grandes rasgos, imagino son las mismas cosas que seguramente tengas que hacer tú, como responder a un par de *mails* para zanjar un par de asuntos, reorganizarme la semana porque al final no podrá ser tal o cual cosa, devolver unas llamadas, comprobar que sigue en orden todo lo que debe estar en orden y blablablá, una frase ha conseguido levantarse *detrás del ruido.*

Y te juro que, cuando eso ha pasado, ha sido como si el resto de los pensamientos no tuvieran más remedio que callarse y apartarse formando uno de esos pasillos, como los que se crean en las pelis medievales cuando, en el salón donde está el rey tratando de calmar a todo el pueblo, porque ha pasado algo que los tiene a todos preocupados, se abre de par en par una puerta gigante y entra por sorpresa el caballero al que daban ya por muerto, mientras los demás le miran fijamente, en silencio y expectantes, para repetir con claridad:

«Aprende a distinguir lo que quieres
de lo que necesitas».

Y nada más sentarme a escribir acerca de eso, la segunda voz que he escuchado *detrás del ruido* ha sido:

«¿De verdad estamos escribiendo, valorando la posibilidad de que de aquí salga otro libro?».

Y como, a pesar de lo mucho que me preocupa estar haciéndolo por motivos que entenderás más adelante, te juro por mi vida que al mirar por la ventana he visto cómo las nubes se apartaban para dejar que se colara rápido un rayo de sol mientras el sonido agudo de un *whatsapp* llegaba justo ahí, y al mirar qué canción estaba sonando mientras escribía estas palabras, he visto que era una de Taylor Swift llamada *Question...?*, no me ha quedado más remedio que aceptar que el plan del universo ha sido despertarme con esa frase en mi cabeza y pensar que ojalá dentro de unas horas descubramos juntos algo que quizá nos sirva al mismo tiempo a ti y a mí.

Y si estaba equivocado…, ¿qué más da?

En cosas más extrañas se han tirado algunas horas, ¿no?

Por cierto…

¿Te das cuenta de que ahora mismo las únicas palabras que hay dentro de tu cabeza son estas que estás leyendo?

Lo pregunto porque, si decides quedarte aquí conmigo, quiero que sepas que lo sé y que precisamente por eso intentaré ocupar tu mente solo con palabras que sospeche que podrían servirte de algo.

Vamos allá.

1

LA SEGUNDA MONTAÑA

HAN PASADO UN PAR DE DÍAS desde que te pregunté por las palabras que estaban sonando dentro de tu cabeza. Pero ese es el tiempo que ha pasado para mí. Para ti seguramente ni siquiera hayan pasado seis segundos.

¿No te parece fascinante que, en lo que para ti apenas han sido seis segundos, yo haya estado en Mallorca por trabajo, cancelado mis tarjetas de crédito, pedido cita para renovar el DNI y el carnet de conducir porque me robaron la cartera, vuelto a Madrid, puesto lavadoras, repasado texto para mis próximas funciones y esté a punto de acostarme?

Lo pregunto porque creo que esa es la magia de los libros.

Que en apenas seis segundos alguien pueda resumirte todo lo que le ha pasado a él en muchísimo más tiempo para que, si quieres, tomes el relevo desde los lugares que por lo menos a él le funcionan.

Y, aunque seguramente este es un dato extremadamente obvio para ti, eso es algo que yo tardé mucho en entender, pero que, en cuanto lo aprendí, se convirtió en una herramienta fascinante:

No solo puedes aprender de tu pasado.
También puedes aprender del pasado de los otros.

Y, para serte sincero, aprender del pasado de los otros es infinitamente más agradable y llevadero, porque te permite ahorrarte la parte del dolor en ciertas cosas.

Aunque también tengo la ligera sospecha de que hay cositas que, aunque sepamos que dejarán cicatrices y no saldrán tan bien como esperamos, necesitamos comprobarlas por nosotros mismos.

Pero sobre por qué somos idiotas y nos embarcamos en historias, a pesar de saber que cabe la posibilidad de hacernos daño, ya hablaremos otro día.

Cuando escribí *Por si las voces vuelven*, mi intención era explicarte cómo lo había hecho para salir del fondo del pozo en el que estuve después de que me ingresaran en pleno brote psicótico, por si a ti te servía de algo.

Y, como puede que no lo hayas leído, necesito que me dejes un momento tu cabeza para que hagamos una cosa.

> Querido lector:
> Lee las siguientes líneas de forma rápida, como si fuera una especie de resumen de esos que hacen en las series para recordarte lo que pasó en la temporada anterior.

Anteriormente, en *Por si las voces vuelven*...

Mientras me doy un baño, descubro que puedo viajar en el tiempo a través de unas voces que hay en mi cabeza / empiezo a vivir totalmente convencido de que he descifrado el universo y absolutamente todo tiene un significado más profundo y te da pistas de cómo hacer realidad cualquier sueño que tengas / las voces de mi cabeza empiezan a crear nuevos mundos cada vez más complejos / descubro que hay otras dimensiones y seres tratando de meterse en nuestros cerebros para robarnos nuestras vidas / me tiro vestido con mi perro en brazos a una piscina frente a dos tipos que montan una cama elástica / me miro en el espejo y descubro que no está mi reflejo / negocio con el universo y con la muerte que morir sea opcional, y lo consigo / mis redes sociales se llenan de publicaciones extrañas / lloro en mitad de un Toys "R" Us / Eva —mi chica— se encuentra una nota donde la felicito por el éxito de *Wonder Woman* / discuto con ella frente a un coche lleno de regalos absurdos tras haber estado varias horas desaparecido / me tumbo en la cama enfadado a dormir / Eva llama preocupada a un amigo y a mis padres / el amigo llega cuando estoy dormido y me despierta para que le acompañe al hospital / unas enfermeras preguntan qué me pasa, yo digo que nada y les hablo sin miedo / las puertas del ala de psiquiatría de un hospital se cierran y me quedo ingresado / las voces me dicen que no es un ingreso, sino una *escape room* / busco por la habitación pistas para salir de allí y me encuentro un tornillo / me atan a una cama para poder quitármelo y medicarme mientras grito que no lo usaré *pa* cortarme las venas / poco a poco, las voces se escuchan cada vez más lejos / me paseo arriba y abajo por un pasillito / un enfermero pregunta por la calidad de mis cacas, respondo que «bien» y pregunto que qué tal las suyas / grito «¡punto para los locos!» en la zona común de los pacientes y se convierte en una especie de grito de guerra mientras estoy ingresado / a las dos semanas me dejan salir con un lote de pastillas / nada más pisar la calle comprendo que el mundo que había descubierto antes de ser ingresado ya no está / busco las voces y no las encuentro / me doy cuenta de que no siento nada por nadie y doy por sentado que estoy acabado / caigo en el pozo más hondo en el que he estado jamás / todo está jodidamente oscuro, me siento más solo que nunca y hace mucho pero mucho frío / decido que la única forma de salir de ese pozo es darme por muerto y empezar poco a poco otra vez desde cero.

> Querido lector:
>
> Ya puedes volver a leer a velocidad normal. Gracias por prestarme tu cabeza. No descartes que te la vuelva a pedir en algún otro momento.

Y ahora copio el párrafo que había justo antes y seguimos avanzando.

> «Cuando escribí *Por si las voces vuelven,* mi intención era explicarte cómo lo había hecho para salir del fondo del pozo en el que estuve después de que me ingresaran en pleno brote psicótico, por si a ti te servía de algo».

Mi intención ahora es explicarte cómo lo hago yo para no volver a caerme nunca más.

Vaya por delante que al contarte mis mierdas no pretendo sentar cátedra en plan: «Hazme caso a mí y así estarás bien».

Sé que cada historia es un mundo, pero también creo que, por distintos que podamos ser, muchas veces llegamos perdidos a lugares comunes, y quizá lo que descubren unos les pueda servir a otros.

La tristeza es tristeza; el dolor es dolor; la vergüenza, vergüenza; y el cansancio es cansancio.

Lo que es distinto es el volumen con el que se instalan, o la cantidad que cada uno es capaz de cargar sin llegar a romperse. Digamos que el local es el mismo, pero a algunos les toca justo en la zona donde está el altavoz. Así que si te cuento lo mío es porque, quizá, al leerme descubras que hemos estado o estamos en zonas de ruido parecidas y tú encuentres pistas para poner el volumen a un nivel más llevadero o, por lo menos, puedas dar un par de pasos que te alejen de los altavoces.

Sobre todo, porque cuando salí del hospital, lo único que me importaba era tratar de descubrir cómo se hacía para recuperarse y estar bien. Pero cuando lo conseguí, mientras todo el mundo se alegraba, me di cuenta de que el reto en realidad no terminaba con volver a estar de pie. Esa era solo la primera parte de toda esta movida.

La segunda parte está en no volver a caer.

Y como desde que logré rehacerme no he vuelto a tener ninguna caída que me haya hecho volver al hospital, aunque a principios de 2018 estoy casi seguro de que rocé el palo de «sufrir un nuevo brote» (ya hablaremos de eso más adelante), he pensado que igual te interesaba saber qué carajo estoy haciendo, por si puedo ahorrarte el tiempo que yo llevo ya invertido en esta cosa y tú estás ahora mismo haciendo equilibrios en la cuerda floja.

Aunque te adelanto que si lo que esperas es un libro con una lista de cosas, rollo: madrugar, hacer la cama, desayunar, ir al gimnasio, comer sano, dar paseos y mierdas de esas…, espero que hayas guardado bien el *ticket*, porque lo que tengo que explicarte no depende de que esté abierta una tienda o de tener raticos libres *pa* ti.

Lo que puedo asegurarte es que lo que voy a contarte conmigo funciona. Y la buena noticia es que, si conmigo funciona, es probable que encuentres algo que también te funcione a ti. Pero te adelanto que necesitarás un poco más de voluntad que la que se necesita para exprimir cada mañana dos naranjas.

Eso sí…

Lo de madrugar, hacer la cama, desayunar, ir al gimnasio, comer sano, dar paseos y mierdas de esas…, si puedes hacerlo, hazlo, porque ayuda, y además bastante más de lo que parece.

EL PROBLEMA

Obviamente no tengo ni idea de cuál debe de haber sido tu problema —si es que ha habido alguno, claro—, pero, suponiendo que lo haya, casi seguro que podemos resumirlo en un sencillo:

> «Algo me partió por la mitad y cuando quise darme cuenta todo estaba oscuro y hacía frío».

¿Te cuento ahora un secreto?

Que algo te parta en dos es muy normal.

De hecho, es tan normal que, cuando uno se rompe, todos los que te rodean se esfuerzan en convencerte de que no pasa nada y que lo que has vivido en realidad podría haber sido muchísimo peor y que ahora lo que debes hacer es centrarte en pasar página.

Y tienen razón.

Pero de lo que muy pocas veces te avisan, o al menos a mí nadie me lo dijo, es de que remontar después de que algo te parta en dos será solo el principio de la historia.

En cuanto remontes, estarás tan emocionado por haberlo conseguido que te sentarás en el borde de la montaña que acabas de escalar a mirar lo acojonante que resulta, desde donde estás ahora, el abismo que dejas a tus pies. Estarás sentado en el borde mirando orgulloso (y agotado) lo que acabas de hacer. De repente, lo que te parecía imposible está a una distancia que ya ni siquiera ves muy bien.

Lo has logrado.

Pero cuando te levantes con la clásica media sonrisa que nos sale cuando sabemos que hemos superado algo que nos parecía imposible, te sacudas la arena que se te ha pegado al culo por sentarte en el borde a mirar y te des la vuelta para seguir tu nuevo camino, te encontrarás con algo que nadie te dijo:

Una segunda montaña llamada No Volver a Caer.

Y como de un tiempo a esta parte lo único que me hace feliz es compartir lo poco que voy descubriendo, te diré que yo todavía sigo escalando esa montaña. Y, de momento, lo único que sé es que, aunque a ratos es emocionalmente más dura y está llena de baches y de trampas, es bastante menos empinada y no es tan difícil encontrar rincones donde parar un rato a refrescarte, beber y descansar.

O a lo mejor simplemente me parece algo más fácil porque ya he escalado una.

Yo qué sé.

A fin de cuentas, acabo de llegar.

En cualquier caso, mi plan es contarte lo poco que sé de esta segunda montaña, porque, a medida que me hago mayor, crezco —o como mierda se le quiera llamar a este extraño plan de envejecer—, me doy cuenta de que, al menos para mí, nada de lo que consiga descifrar tendrá ningún valor si no consigo que también sirva de algo a quien se quede cuando yo tenga que irme.

Si es que alguna vez me voy, porque recordemos que en el resumen ya te he contado que en su día negocié con el universo y con la muerte que lo de morir fuese opcional, y lo conseguí. 😉

A lo que me refiero es a que creo que nada servirá de nada si lo guardas solo para ti.

Puede que haya momentos en que comparta cosas muy obvias, cosas que otros descubrieron mucho antes, cosas que podrán sonar absurdas a unos cuantos, cosas que quizá no ayudarán absolutamente nada a nadie…, pero asumo todos esos riesgos y prometo explicar solo las cosas que hubiese agradecido que alguien me contara al salir del hospital.

Sobre todo, desde que sé que lo que me está llevando años descifrar alguien me lo podría haber contado en seis segundos.

Así que, si te apetece, yo encantado de aprovechar este rincón en el que me he parado para beber algo de agua con intención de coger fuerzas y salir del bache en el que estoy ahora —antes de que termine el libro, te prometo que sabrás cuál es—, para contarte cómo voy tratando de mantener siempre mi cabeza *detrás del ruido*.

Y aprovecho este silencio entre tú y yo para susurrarte algo que tardé mucho en descubrir, pero que quizá te sirva:

Solo tú sabes cómo de roto estás por dentro.

Los demás solo creen saberlo.

2

ROMPERSE

LA PUTADA DE ROMPERTE es que, seguramente, muchas situaciones, cosas y personas ya no encajen tanto ni tan bien contigo como parecían encajar antes.

Algo que cuesta mucho que la gente entienda es que cabe la posibilidad de que tus emociones hayan desaparecido o cambiado por completo. Y eso significa que es muy pero que muy probable que tu manera de relacionarte o reaccionar ante según qué situaciones sea totalmente distinta, porque no sientes lo mismo que sentías antes del caos.

Y si ese cambio será solo puntual o para siempre, siento decirte que es algo que solo sabrás a medida que vaya pasando el tiempo.

Conseguir que entiendan que tu cambio de actitud hacia ellos no es para nada personal será de lo más cansado que tendrás que hacer, porque te sentirás como si estuvieras intentando construir un castillo de arena que aguante eternamente, pero justo en la parte de la orilla donde llegan con muchísima fuerza las olas.

Y conste que entiendo el desconcierto que ese cambio puede provocar en los demás.

Por supuesto que lo entiendo.

Aunque, a veces, algunas relaciones van pillando frío hasta que terminan por helarse. Generalmente uno sabe, o por lo menos intuye, por qué fulanito o menganito dejó de venir o de llamar. Pasó algo entre vosotros que hizo que este o aquel se molestara, y la relación se estropeó.

Pero en este caso, no.

En este caso no habrá un «gesto feo» que justifique la desconexión.

En este caso simplemente ha pasado algo en la cabeza de uno de los dos que ha reseteado todas las emociones, y quizá lo que sentía por ti ya no lo siente.

Pero te aseguro que no es nada personal.

No es culpa tuya ni suya.

No ha sido a propósito.

No ha metido la lengua en un enchufe con la intención de achicharrar todos los diferenciales del cerebro y borrar de golpe todo lo que pudiera sentir por ti.

Simplemente ha habido una especie de *reset* en su coco, y le resulta imposible recuperar la última actualización emocional.

Ojalá los cerebros tuviesen una especie de disco duro externo para, por si todo se va a la mierda, poder conectarte a él mientras desayunas y, en cinco minutos, recuperar la última versión del cerebro y las emociones que tenías.

Eso sería genial.

Pero como de momento eso no existe, nos toca vivir con la posibilidad de que un día nuestro cerebro, o el de otros, decida jugar a «pues ya no puedo más» y, al salir del hospital, el nivel de amor, respeto, cariño o amistad que tenías con fulanita o menganito se haya puesto a cero.

Y como lo he vivido en mi propia piel te diré que, en este caso, lo siento más por los demás que por quien vive el reseteo, porque intuyo que el desconcierto debió de ser mucho más duro para ellos.

Si me pongo en su lugar, puedo entender lo extraño y triste que resulta que alguien con quien pensabas que tenías un nivel de amistad rozando el ocho, de repente baje a un tres, un dos o incluso un cero.

Sin embargo, para quien acabó ingresado, la tristeza es diferente, porque, aunque pueda sospechar que vuestra relación era bastante más intensa, como no puede volver a sentir lo que había antes para poderlo comparar, ni siquiera sentirá la nostalgia de lo que hubo alguna vez. Así que para quien sufrió el viaje en la cabeza, más que tristeza, será soledad, agobio y desconcierto.

El añadido más jodido para quien sufre el viajecito de romperse es que, por mucho que tú la necesites, no tendrá una explicación muy racional acerca de por qué ya no siente lo que se supone que sentía. Simplemente lo que fuera que hubo ya no está.

Digamos que es como enamorarse, pero al revés. En lugar de mirar a una persona y sentir una explosión de amor, sientes una explosión de «no es *pa* tanto».

LA PREGUNTA

Desde que publiqué *Por si las voces vuelven*, muchas veces me preguntan: «¿Qué puedo hacer para ayudar a alguien cercano que ha vivido algo parecido a lo que viviste tú?».

Y teniendo en cuenta que yo no soy experto en nada, sino simplemente un tipo que ha vivido una movida que está intentando desmigar al máximo por si nos sirve de algo, siempre respondo lo mismo: «Recordar que nada es personal».

Y siempre respondo eso porque suelen preguntarme en firmas o a la salida del teatro, cuando no hay tiempo suficiente para charlar y poder decir la verdad, sintiendo que lo entenderán y no se marcharán jodidos.

Pero ahora que estamos tú y yo a solas, te diré que lo primero que deberías hacer cuando quieras ayudar a alguien (si tienes la impresión de que está pasando por un momento en que su cabeza no está ahí) es estar totalmente seguro de que, para esa persona, uno de los mil problemas que pueda estar teniendo no seas tú.

Y no me refiero a que tú seas un problema porque lo que ha pasado haya sido culpa tuya. Me refiero a asegurarte de que no le pillas en un momento donde tenerte a ti tratando de ayudarle le genere más presión, porque no te necesita tan tan cerca como crees.

«Pues si no me necesita tan tan cerca, que lo diga, ¿no?».

No puede.

Eso es lo que necesitas recordar.

No puede.

«¿Por qué?».

Pues porque ahora mismo siente que decirte algo así quizá te haga tanto daño que le romperá todavía más.

Si tuviera que describir en una sola palabra la sensación que se instala con más fuerza en ti, después de pasar por una mierda que te rompa la cabeza, sería: *fragilidad*.

Te sientes como si, de pronto, te hubieses convertido en alguien de cristal, y cualquier cambio brusco de temperatura te partirá por la mitad, como a veces pasa con los vasos que llenas de agua fría nada más sacarlos calentitos del lavavajillas.

No sé bien cómo explicarte lo solo, vacío, triste y perdido que te llegas a sentir por dentro.

Dejémoslo en que se alcanza una profundidad que, incluso años después de haberla superado, cuando pienses en cómo estuviste aquellos días, te seguirá apretando el pecho y te costará un poquito respirar.

Por eso, si ahora mismo es justo así como te sientes, es muy importante que entiendas y te vayas preparando para que, a medida que tú vayas remontando y pase el tiempo, lo que te pasó quede cada vez más lejos para todos, excepto para ti.

Con esto no quiero decir que tú vayas a vivir siempre teniendo en primera línea de recuerdos lo que sucedió, pero no lo olvidarás.

Y aunque los demás casi seguro que tampoco consigan borrar ese recuerdo para siempre, lo que nunca vivirán —y, por tanto, tampoco sentirán— es el esfuerzo prácticamente diario que tú tendrás que hacer para no volver a caerte tanto ni tan hondo.

Especialmente al principio.

Digamos que habrá un momento en el que no estarás fatal, pero tampoco estarás bien. Imagino que la sensación es parecida a como intuyo que debe sentirse cualquiera que esté aprendiendo a cruzar una de esas cuerdas flojas:

«Si no aparece viento, nadie me despista y la cuerda no se mueve, fijo que la cruzo. Pero como alguien se me acerque a preguntar: "¿Qué estás haciendo?", me caeré».

La putada es que, como desde fuera parece que ya tienes lo de cruzar la cuerda más o menos controlado, la gente descartará la posibilidad de que todavía estés practicando para mantenerte sobre ella sin caerte, y en lugar de acercarse despacito y con cuidado, casi seguro que se acercarán en plan: «¡Ey! ¿Cómo lo llevas? Pinta que en nada te fichará el Circo del Sol», mientras te dan golpecitos en la espalda, y antes de que terminen de hablar, tú te caerás.

Y como, poco a poco, si no bajas la guardia ni un segundo, empezarás a ser una persona funcional, los demás olvidarán que tú sigues trabajando en tu cabeza y, en cuanto lo que vean por fuera les parezca que está OK, se pondrán a celebrar que lo que pasó, por suerte, simplemente «*sa quedao* en un susto» y volverán a comportarse contigo exactamente igual que se comportaban antes.

Con la diferencia de que la persona que eras antes ya no está o es diferente.

Y, aunque a todos les parezca que tú ya estás recuperado y como nuevo, los dos sabemos que lo que pasó te dejó tan desorientado que, a ratos, todavía te dolerá y te tocará estar muy atento para que, si de repente todo vuelve a estar oscuro, no te pille sin cerillas o linterna.

¿QUIÉN FALLÓ?

Una de las sensaciones más cansadas que sentí mientras toda mi energía estaba centrada en intentar estar mejor fue la sensación de que poco a poco, y casi seguro que sin darse cuenta, había gente que volvía a meter piedras dentro de mi mochilita.

Hay personas así.

Hay personas que, en cuanto sospechan que tú estás —aunque solo sea medio gramito— mejor, empiezan a exigir respuestas que tú aún no sabes y a pedirte explicaciones que no tienes por qué dar.

Cada vez que estéis juntitos, convertirán las conversaciones en una batería de preguntas, tipo: «¿Pero y por qué no hiciste tal?», «¿Pero y por qué sí hiciste cuál?», «¿Pero por qué no me contaste?», «¿Pero por qué entonces dijiste…?», «¿Pero por qué…?», «¿Pero por qué…?», «¿Pero por qué…?».

Todos querrán saber si ellos tuvieron algo que ver en lo que te pasó.

Todos querrán saber cuál es la cantidad de culpa que tienen en lo sucedido.

Todos querrán saber cuál es su porcentaje de víctima en la movida que has tenido.

Todos.

Pero en lugar de no darte demasiado a ti por culo y tratar de adivinarlo por su cuenta sentándose a investigar sobre ellos mismos, tirarán de la opción más rápida y sencilla, que será un «dímelo tú».

A veces pienso que, en realidad, los primeros que deberían ir al psicólogo son los que forman el círculo de quien ha perdido la cabeza, en lugar de quien la pierde.

Seguro que, de esa reunión, cualquier psicólogo sacaría muchas más pistas y más rápido.

Si yo fuera psicólogo, haría eso. Cada vez que alguien viniera contándome que se le ha ido o se le está yendo a la mierda la cabeza, le diría: «OK. Pregunta a tu pareja, padres, jefe, amigos y compañeros de trabajo qué día les viene bien venir a verme y, en cuanto termine la sesión con ellos te pego un toque, os junto a todos para confirmar yo cómo de distintos sois, la cantidad de desconexión que hay entre los unos y los otros, y te cuento qué te pasa».

Solo una vez en mi vida he dicho «¡basta!» levantando la voz en una mesa.

Cuando salí del hospital hubo gente a la que yo consideraba amiga que no volvió a escribirme ni llamarme nunca más.

Me dolió. Mucho.

De hecho —te agradecería que esto quede entre tú y yo—, a veces todavía siento un pequeño pinchacito si lo pienso cuando estoy un poco flojo.

Pero por suerte encontré más o menos rápido la fórmula para que no doliera tanto y siempre:

Centrarme en los que sí seguían estando.

Sin embargo, hubo un día, meses después de salir del hospital, que sentí cómo intentaban convencerme de que debía dar una oportunidad a la gente que había optado por desaparecer cuando me ingresaron y no volver cuando salí ni a preguntarme «¿cómo estás?».

Intentaban convencerme de que, a lo mejor, el problema era que lo sucedido les había superado y, al no saber cómo reaccionar, habían preferido irse y ahora les daba vergüencilla retomar la relación, pero que seguro que si les llamaba yo y me esforzaba yo por entender, podría recuperarlos.

Te juro que todavía hiervo por dentro cuando recuerdo aquel momento.

Y lo que más me encendió, lo que hizo que mi sangre alcanzara temperaturas parecidas a las que debe de llevar la lava de un volcán, fue que intentaran hacerme creer que los que habían optado por largarse merecían, por mi parte, la misma cantidad de cariño, lealtad, respeto y amor que los que habían optado por quedarse.

Sinceramente:

Y una mierda.

Déjame decirte algo por si no quedó bien claro en *Por si las voces vuelven*:

A quien decida largarse de tu lado en el momento más difícil de tu vida, que le follen.

Sea quien sea.

Y lo digo sin odio, sin rencores y sin deseos de que le vaya todo mal.

Pero que le follen.

«¿O sea, que le negarías un plato de comida a alguien simplemente porque se largó cuando más le necesitabas, Ángel?».

No.

Pero no le invitaré a comérselo dentro de mi casa.

«¿Y si fuera está nevando?».

Le regalaré unos guantes, un gorro y una manta.

«¿Y si...?».

Déjame en paz.

Si preguntas tanto, seguro que es porque le fallaste a alguien.

Hazme un favor y grábate esto a fuego:

No eres tú quien debe esforzarse por conseguir la explicación de quien te ha fallado.

Es quien falla quien debe esforzarse por volver y explicar por qué falló.

Y si algún día esa persona vuelve y al explicarte los motivos los comprendes y tú quieres retomar la relación desde donde os apetezca, pues de lujo. Y si no quieres retomarla, pues también tienes derecho.

Pero no eres tú quien debe gastar tiempo y energía intentando comprender por qué se fue.

Tú bastante tienes ya intentando conseguir que tu vida recupere por lo menos un poquito de calor.

Y, sobre todo, si cuando empieces a estar aunque sea medio centímetro mejor hay un día que sientes que la cosa está más gris, no te rindas ni te vengas muy abajo sospechando que se está acercando a ti otra vez el fin.

Esa sensación es solo uno de esos baches que te comenté hace un rato que te puedes encontrar y que también son muy normales.

LA ESTELA

Déjame que te resuma mucho algo sobre la naturaleza:

Algunos ratos es de día; otros, de noche; en unos ratos hay más frío; y en otros ratos, más calor.

Y como curiosidad te diré algo que, aunque es obvio, muchas veces olvidamos:

Cuando está oscuro casi siempre hace más frío que cuando no.

Y ahora que tenemos estos datos superfrescos, te diré una cosa acerca de lo que creo que vendría a ser estar vivo:

Algunos ratos está oscuro, otros no tanto; a veces sentirás el alma fría, y a veces no.

Así que la pregunta que imagino que ahora mismo se está haciendo tu cerebro es:

«Entonces, ¿cómo puedo asegurarme de que siempre haya luz?».

Y la respuesta es:

Empiezo a sospechar que no se puede.

Por eso es importante que aprendamos cuanto antes que a ratitos todo estará oscuro y hará frío.

Porque si consigues recordarlo, te darás cuenta de que es una información bastante útil por un motivo muy sencillo:

Muy poquitas veces la oscuridad llega de golpe.
Y eso significa que te puedes empezar a preparar en cuanto intuyas que la oscuridad se está acercando.

Yo ya no dejo pasar ni una sola emoción que intuya que está trayendo oscuridad.

En cuanto noto que en mi cabeza se está empezando a instalar algo gris, freno en seco y no paro hasta encontrar el lugar donde está naciendo esa tristeza.

Y aunque muchas veces detectar de dónde nace no significa que vayas a poder solucionarlo tan rápido como te gustaría, te aseguro que te ayuda a prevenir una caída de las grandes, porque al menos sabes por dónde está intentando golpearte la tristeza.

Muchas veces me preguntan:

«¿Tú por qué nunca estás triste, Ángel?».

Y aunque mi respuesta suele ser un encogerme de hombros y decir: «¿Y *pa* qué me sirve estarlo?», la verdad es que muchas veces estoy triste.

Muchas.

No tantas como solía estarlo hace unos años, pero tampoco puedo presumir de ser el tío que siempre se despierta con el sol dándole en la cara y una sonrisa que podría llenar un templo.

Así que la verdadera respuesta a «¿tú por qué nunca estás triste?» es:

«Sí que lo estoy. Pero lo que ya no hago es dejar que la tristeza lo inunde todo».

Pero por supuesto que muchas veces estoy triste.

A veces sé por qué, y otras (esta es la opción más jodida), simplemente me aparece por sorpresa una tristeza que no sé de dónde viene, pero que pesa tanto o más que la que sí sé de dónde sale.

Y después de darle muchas vueltas, creo que el gran truco de la tristeza es que su estela es superlarga. Y aunque el problema haya pasado, tú te tienes que comer todavía toda la estela.

¿Nunca has tenido la sensación de haber superado algo por fin, y tres días después volver a estar tan triste como si todo siguiera estando mal?

Pues a partir de ahora, cuando eso pase, recuerda que seguramente tan solo sea la estela de algo que pasó.

Por eso es importante prestar atención a la tristeza.

Porque a veces aparece por cosas que, con peor o mejor suerte, ya pasaron.

Yo, cada vez que noto aparecer una tristeza que no sé de dónde viene, dejo de hacer lo que esté haciendo, preparo café y me lo tomo mientras pienso: «Todo está bien. Solo es la estela».

Eso sí, incluso en los casos en los que no sé de dónde viene la tristeza, convierto en una prioridad construir zanjas que le impidan inundarlo todo, porque si la dejo hacer, sé que corro el riesgo de acabar hundiéndome y perder una vez más todas las fuerzas.

Sigo pensando que uno de los grandes problemas que tenemos es que solemos esperar a tocar fondo para reconducir las cosas, en lugar de reconducirlas mientras todavía tenemos fuerza.

Y pienso que lo de esperar a tocar fondo es un problema, porque tomar ciertas decisiones dolerá, te guste o no.

Y además te dolerá sin importar cómo estés tú.

El dolor no te preguntará antes de llegar: «¿Qué tal estás?» para meterse en ti con más profundidad o menos.

El dolor llegará a saco sin hacer ningún tipo de pregunta ni tener la más mínima piedad.

Así que, puestos a sentirlo, ¿no te parece más inteligente la idea de reconducir algunas cosas antes de que estemos en el fondo, sin fuerzas ni siquiera para respirar?

«Pero es que solo el hecho de pensar en tomar ciertas decisiones me da miedo, Ángel».

Claro.

A ti y a todos, no te jode.

¿Tienes un subrayador a mano?

Si no tienes, ve a por uno y, en cuanto lo tengas, vuelve y subraya esto:

Ningún monstruo es más poderoso y grande que el miedo.

Ninguno.

3

MIEDO

VIVIMOS LA MAYOR PARTE DEL TIEMPO asustados por la posibilidad de que algo que no ha sucedido ni está sucediendo suceda.

Y es absurdo.

En los últimos dos años me han preguntado muchas veces si no tengo miedo de volver a sufrir un brote psicótico y mi respuesta siempre ha sido la misma:

No.

Y cuando me preguntan «¿por qué?», también respondo igual:

Porque antes de sufrir el brote, en mi lista de miedos había cientos de cosas.

De hecho, me juego una cena a que muchas de ellas también las tienes tú en tu lista.

Pero acabar ingresado en un psiquiátrico porque mi cerebro pensara, entre otro millón de ideas loquísimas, que los seres humanos en realidad no existimos, sino que solo somos personajes de un videojuego controlados por una especie de nosotros mismos, pero desde otra dimensión, no estaba en mi lista de miedos.

Sin embargo, fue lo que pasó.

Así que…

¿De qué sirve tener miedos que al final no es muy seguro que sucedan?

Vivir con miedo a cosas que quizá nunca sucedan es exactamente igual de absurdo que vivir entusiasmado por cosas que te encantan, pero que no estás haciendo.

Y aunque hace apenas unos meses hubiese jurado que no le tenía miedo ya a nada, al sentarme a escribir he descubierto algo a lo que sí tengo miedo.

Y además bastante.

«A qué le tienes miedo de repente, Ángel?».

A estar confiando en mí antes de tiempo.

Haber decidido escribir un libro acerca de qué hago para tratar de impedir que se repita lo que sucedió en junio de 2017 ha puesto sobre la mesa una baraja de cartas basada en miedos.

¿Y si escribir otro libro es precipitado y completamente absurdo?

¿Y si en realidad no tengo absolutamente nada que aportar?

¿Y si en realidad me estoy dejando llevar por la inercia de sentir que parece que hay gente interesada en saber qué es lo que escribo, pero al terminar de leer descubre que no hay absolutamente nada nuevo que le sirva?

¿Y si tratar de dar un paso más allá destruye en menos de un segundo lo que llevo construido y al terminar de leerlo tú sientes simplemente que te he robado?

Es verdad que sería un robo muy pequeño, porque, a menos que pase algo superraro, dudo mucho que este libro llegue a costar más de veinte pavos, y a poco que consigamos por lo menos una frase que te ayude, habrá valido ya la pena.

Pero el simple hecho de sentarme a escribir me ha obligado a poner en primer plano eso a lo que todavía le tengo miedo:

A estar confiando en mí antes de tiempo.

Y creo que es porque me ha costado mucho volver a creer en mí.

Mucho.

No es que antes del brote yo fuese alguien con una fe ciega en sí mismo, pero romperme instaló con tanta fuerza en mi cabeza que ya jamás podría volver a servir de nada a nadie que cada pequeño paso que he dado, desde finales de 2017 hasta ahora, realmente ha sido para darme a mí mismo en la boca y callar de una puta vez, y para siempre, a esa voz que no hacía más que repetirme que era imposible volver a ser alguien que sirviera para algo.

Así que ahora mismo le tengo pánico a creer que ya tengo muy claro quién soy y de repente descubrir que, en algún rincón, se quedó alguna sombra del pasado preparada para, en cuanto me despiste un poco, crecer hasta recuperar los mandos de absolutamente todo, construyendo cosas que no me interesan tanto, tomando decisiones por motivos equivocados, precipitándome por no pensar bastante o perder oportunidades por pensarlo demasiado y hacer cosas en el nombre de quien decidí no ser ya nunca más, cometiendo errores que no quiero volver a cometer.

Al fin y al cabo, si echamos un poquitín la vista atrás, eso es lo que solemos hacer, ¿no?

Embarcarnos en movidas que no nos interesan tanto, decidir sin pararnos a pensar demasiado, decir que «sí» cuando en el fondo nos apetecería más decir que «no», aceptar esto o aquello por miedo o ansiedad a que no aparezca nada un poquitín mejor o que se acerque más a lo que en realidad nos gustaría...

Sentarme a escribir ha hecho que me dé cuenta de que, quizá, lo máximo que puede conseguirse con los miedos es que se queden escondidos en las sombras. Así que, desde que en mi cabeza apareció la frase «Aprende a distinguir lo que quieres de lo que necesitas» y me senté a escribir, la pregunta que no paro de hacerme es:

¿Cómo se termina con el miedo que se esconde entre las sombras?

Y la única respuesta que de momento he encontrado es:

Llenándolo todo de luz.

Incluso el pasado.

Y sospecho que la única forma que tenemos de meter luz al pasado es perdonarnos y perdonar.

Así que con tu permiso voy a preparar café, porque algo me hace sospechar que pronto vendrán curvas para las que todavía no estoy completamente preparado.

Más que nada, porque llenar todo de luz eliminará las sombras, pero también nos hará ver cosas que quizá nos duela reconocer y recordar.

Lo bueno es que, si durante el próximo capítulo, nos llega un poco de tristeza, ya tendremos el café y simplemente necesitaremos recordar que todo está bien.

Solo es la estela.

4

DOLOR Y CULPA

TENGO DOS NOTICIAS. Una buena y una mala.

La mala es que nada se arregla fingiendo que no existe o no ha pasado.

La buena es que culparse eternamente no lo arregla mucho más que culparse lo justito.

Te lo recuerdo por si llevas demasiado tiempo culpándote por algo que, por duro que haya sido, ya pasó.

¿Alguna vez has pasado tanto tiempo con tus manos bajo el agua que al sacarlas ves tus dedos arrugados como pasas? Pues algo así sospecho que sucede en el cerebro cuando lo dejas sumergido mucho tiempo en eso que llamamos *culpa*. Que lo arruga hasta que no podemos ver ya nada más que un buen montón de pliegues.

Instalarnos en la culpa es muy sencillo y, después de darle muchas vueltas, creo que ya sé por qué es. Intuyo que algo dentro de nosotros piensa que perdonarse a uno mismo está mal visto.

Pero déjame decirte algo:

Por mucho que otros te perdonen, hasta que no te perdones tú, todo te seguirá doliendo igual.

No importa que te digan muchas veces que ya está.

No importa que te digan que la culpa no fue tuya.

No importa que te digan «te perdono».

No importa que parezca que ya está todo olvidado.

Nada de lo que te digan otros servirá lo suficiente.

Nada.

Hasta que tú no te perdones, todo seguirá doliendo igual.

«¿Y cómo lo hago para perdonarme, Ángel?».

Pues entendiendo que vivir va de fallar algunas veces para aprender y mejorar.

Todos fallamos.

Todos.

En realidad, vivir no es más que un eterno «ensayo y error».

Nadie aprende a conducir sin que el coche se le cale varias veces.

Ni a nadar sin tragar agua.

Ni a encender un fuego sin quemarse.

Ni a besar sin pringar de baba al otro.

Para aprender toca fallar. A menudo varias veces. Así de simple.

Fallar no es malo ni está mal, pero es un poco estúpido si no lo aprovechas para aprender y mejorar.

¿Alguna vez has ido montado en un coche que se ha comido uno de esos baches que ponen en mitad de alguna calle para asegurarse de que no vas a toda hostia, y notas cómo el coche casi parece que esté a punto de salir volando por los aires o partirse por el centro?

Generalmente, después de uno de esos baches, el conductor pide disculpas por no haberlo visto antes y frenar un poco a tiempo, y empieza a conducir prestando muchísima más atención, por si acaso hay otro.

No sigue conduciendo en modo «me la pela si encontramos otro bache».

A menos que sea imbécil, claro.

Pues con los baches que te esperan en lo que vendría siendo vivir deberías hacer lo mismo:

Pedir disculpas —si es tu culpa—, dedicar un rato a pensar por qué te lo has comido y prestar más atención por si acaso hay otro bache. Pero recordando que ni todos son tan grandes ni todas las calles tienen uno.

¿Y sabes otra cosa?

Creo que tardamos mucho en aprender de los errores porque gastamos demasiado tiempo tratando de encontrar algo que demuestre que la culpa tampoco fue del todo nuestra. Y también creo que, a menos que esté en juego ir a la cárcel, quién tiene más o menos culpa tampoco importa tanto.

Lo único que importa y que es urgente es apagar pronto la culpa y el dolor.

No es ningún secreto que mi dolor más grande sigue siendo haber perdido a Ketto por culpa de una enfermedad llamada leishmaniasis que se desarrolla en los perros a causa de la picadura de un mosquito.

Durante más de dos años no pasó ni un solo día que no me culpara por no darme cuenta antes de que algo raro le pasaba. Ni uno solo.

Hasta que, por básico que suene, me di cuenta de que culparme no lo haría volver.

Y en ese momento lo que realmente me jodió fue ser totalmente consciente de que culparme solo había servido para malgastar tiempo recordando los lugares donde lo pasamos mal porque estábamos luchando para ver si conseguíamos que superase esa enfermedad. Estaba gastando tiempo recordándonos en clínicas, tratando de llevarle en brazos cuando él no tenía fuerzas, intentando que comiera un poco más... Malgastaba el tiempo en los recuerdos dolorosos en lugar de recordarnos en lugares donde lo pasamos bien y me sacó más de mil risas. Y, aunque no era la primera vez que me enfrentaba a la muerte de alguien muy querido para mí, sí fue la primera vez en que sentí esa mezcla de dolor y culpa.

UNA ÚLTIMA CHARLA

Sobre la muerte no sé mucho.

Lo único que sé es que hay personas que pueden desaparecer de la noche a la mañana.

Te metes en la cama y están, pero cuando despiertas ya no están.

No importa si en ese momento estáis muy bien, muy mal o regular.

No importa.

La muerte no tendrá una pequeña entrevista con absolutamente nadie para ver si quiere un par de minutos más y resolver temas pendientes, hablar bien algunas cosas, permitir decir «lo siento» o sencillamente reírse junto a alguien una última vez.

Nada.

Lo que haya construido hasta la fecha es lo que habrá cuando se vaya.

La única posibilidad que tú tendrás al descubrir que esa persona ya no está será la de hacer balance para decidir si conoceros valió la pena o no.

¿Y sabes qué?

Empiezo a sospechar que, la mayoría de veces, te darás cuenta de que sí valió la pena.

A menos que el otro haya sido un verdadero hijo de puta que convirtió su vida en una especie de máquina diseñada única y exclusivamente para joderte a ti la tuya, claro.

Aunque tú lees estas líneas mucho tiempo después de que hayan sido escritas, las escribo a pocas horas de haber perdido a alguien a quien yo quise muchísimo a pesar de llevar años sin verle por un motivo que ya jamás descubriré.

Pero recordando todo lo que compartí con él no he podido evitar pensar: «¿Cuándo fue la última vez que reímos juntos?».

Y eso ha sido lo que me ha roto por dentro mientras no dejaba de reír y me daba cuenta de lo imbéciles que somos la mayor parte del tiempo. Discutimos por temas que casi siempre dan igual, por conseguir cosas que en realidad no importan tanto y para mantener bajo control la situación como a nosotros nos va bien, sin ni siquiera tener claro si es lo que queremos.

Lo que te voy a decir ahora es probable que te parezca la mayor estupidez que hayas escuchado nunca, pero, desde hace algunos años, siempre que pierdo a alguien a quien quiero, necesito buscar algún rincón para poder estar a solas e imaginar que nos sentamos a charlar juntos una última vez. De hecho, he creado en mi mente una especie de lugar precioso junto a un lago para poder estar y hablar tranquilos.

Le pregunto por qué cojones se ha largado, por qué mierdas nos dejamos de ver o de llamar, escucho sus motivos, respondo a sus preguntas, le insulto si es idiota y me disculpo si en algún momento lo fui yo.

Recordamos momentos que vivimos juntos, tachamos de la lista ciertos planes que ya jamás podrán hacerse y, sobre todo, prometemos recordarnos.

No voy a engañarte: hacerlo duele.

Los ojos se llenan de lágrimas y pesan, la garganta se te cierra, tendrás mocos y en ocasiones costará que el aire llegue a los pulmones, porque el pecho está cerrado. E incluso a veces no descartes tener que clavarte de rodillas en el suelo porque notarás cómo la rabia y la impotencia de no poder volver atrás a mirar de verdad a esa persona te atraviesa el corazón.

Quizá la muerte existe porque es la única manera de saber de forma exacta cuánto querías de verdad a alguien.

Yo qué sé.

Solo soy un pavo que te cuenta mierdas que a él le van sirviendo por si a ti también te ayudan.

Pero, aunque tener ese encuentro imaginario puede llegar a doler mucho, también sana.

Y creo que es porque pocas cosas pueden doler y sanar tanto al mismo tiempo como sentir y hablar siempre de verdad.

Creo que la verdad es… ¿Alguna vez has reído al mismo tiempo que llorabas?

Pues creo que eso es la verdad:
llorar y reír al mismo tiempo.

5

LA VERDAD

UNA DE LAS COSAS MÁS DIFÍCILES que existen es aprender a ser honesto con uno mismo.

Sobre todo, porque, para ser honesto contigo mismo, primero necesitas descubrir quién eres de verdad.

Y a menos que seas la clase de persona que ya pasó por lo de frenar en seco para prestar mucha atención a quién carajo eres y estás en el proceso de construir de forma muy consciente el viajecito de estar vivo, es posible que ahora mismo simplemente seas la inercia de lo que hay entre quien fuiste y quien crees que te gustaría llegar a ser.

Últimamente pienso que quizá cuando salí del hospital no me encontré porque ni siquiera sabía lo que buscaba.

Al fin y al cabo, encontrar algo es mucho más sencillo si por lo menos sabes lo que estás buscando, pero si no tienes claro quién eres realmente, ¿cómo te vas a encontrar?

Así que la pregunta es:

¿Al menos tienes claro quién fuiste y quién te gustaría llegar a ser?

Lo pregunto porque, si no lo tienes claro, es probable que estés haciendo cosas que no tengan ningún puto sentido y estés convirtiendo tu vida en una especie de trastero donde se meten los cacharros que cada vez usamos menos, por pereza de perder el rato pensando si venderlos, regalarlos o tirarlos.

La putada es que como ese espacio no consiste en un local quieto en el que puedas dejar las cosas dentro y no volver a ese sitio nunca más, sino en una cabeza que debes llevar contigo todo el tiempo, cargar con esos trastos hace que la vida, muchas veces, pese más de lo que debería pesar.

Creo que una de las mentiras más grandes que solemos decirnos a nosotros mismos es: «Yo es que soy así, ¿vale?».

Sospecho que, en la mayoría de casos, la frase correcta es: «Yo es que todavía no tengo ni puta idea de cómo soy».

Imagino que, si pasáramos un rato hablando de ti, podrías darme tres o cuatro pistas relacionadas con tu aspecto físico, el trabajo que tienes o te gustaría tener, podrías rellenar silencios contándome cosas que te gusta hacer, pero en realidad sospecho que no tienes ni puta idea de quién eres de verdad.

Tampoco te agobies. Casi nadie lo sabe. De hecho, no saberlo es lo normal.

La buena noticia es que, si prestas atención, lo que sí puedes llegar a descubrir relativamente rápido es cómo carajo eres con tal o cual persona en esta o aquella situación.

Así que a lo mejor te ayudaría cambiar ese «yo es que soy así» por un «yo es que CONTIGO soy así».

Y aunque te parezca un cambio absurdo, te aseguro que te permitirá ver ciertas cosas de una manera más sencilla, porque, de forma prácticamente inmediata, lo que creías que era un problema que te acompañaba todo el tiempo a todas partes se convierte en un problema que aparece en momentitos muy concretos con personas muy concretas.

Y, quieras que no, saber eso te permite respirar con algo más de calma en el resto de momentos con el resto de personas, porque con ellas… tú no eres así.

Y con ese minicambio muy probablemente descubrirás que algo que tú pensabas que formaba parte de tu personalidad es tan solo una careta que aparece junto a ti de vez en cuando, pero que no siempre llevas puesta.

Y sobre todo recuerda que cuando te sientas cómodo con alguien no es porque la otra persona sea «superguay». Es porque con esa persona no necesitas usar muchas caretas, y eso significa que estás muy pero que muy cerca de estar siendo tú mismo.

Y esa es una muy muy buena pista para ti.

Por eso, cuando pasa algo y de forma inesperada hay personas, situaciones o lugares con los que te sentías a gusto que desaparecen de tu vida te sientes tan perdido. Porque te tocará empezar a construir desde cero ese espacio que se acaba de quedar vacío, intentando mantener el equilibrio y cruzando los dedos para encontrar algo que rellene el hueco que ha quedado sin desplazar ni tirar cosas que te gustan o que están bien.

Creo que construir una vida es un poco como el juego ese en el que tienes una torre hecha con fichas de madera que tienes que ir quitando y colocando en otro sitio que esté un poco más arriba, intentando que no se derrumbe.

A veces intento leer algún libro sobre el cerebro, pero me aburro mucho. Me agota cada vez que alguien intenta decirme que, si me siento de tal o cual manera, es porque la parte prefrontal izquierda o derecha de mi no sé qué va flojita de esta o esa mierda.

Y me aburre porque intuyo que, la mayoría de veces, todo se reduce a...

Cuantas más cosas haya en tu vida que no quieras, peor estarás.

Y hasta que no elimines todo aquello que sabes que no está ayudando a estar mejor, olvídate.

Desde mi punto de vista, algo que lo complica todo es que solemos poner en una balanza lo bueno y lo malo de una situación o una persona y, si lo malo pesa menos o queda más o menos igualado con lo bueno, mantenemos esa situación o esa persona en nuestra vida.

La putada es que la balanza no es capaz de calcular la profundidad de la herida que esa situación o persona está creando.

En mi vida ha habido muchas historias que no terminaron bien.

Muchas.

Imagino que en la tuya también. Y no me refiero solo a sentimentales. También las ha habido de amistad, sociales, laborales... Unas fueron más largas, otras más cortas, algunas más intensas, otras menos, y, por supuesto, algunas jodidamente tóxicas y otras infinitamente sanas.

Hubo algunas relaciones más inteligentes, otras muchísimo más tontas, algunas caóticas y otras tranquilas. En algunas era joven; en otras, más mayor; hubo algunas que arrancaron porque estaban superclaras, y hubo otras que, ni siquiera hoy, tengo muy claro por qué arrancaron.

Pero, en el fondo, todas las que terminaron mal se reducen a que hubo un día en que un par de personas nos juntamos convencidas de que nos entenderíamos superbién y… ¡catapum!

Uno de los dos le falló al otro o se cansó.

Y después de darle muchas vueltas, aquí viene algo que estoy empezando a sospechar:

Gastar tiempo buscando quién se lo cargó no sirve de nada.

Sobre todo, porque generalmente no te pones a buscar quién lo rompió.

Lo que en realidad buscas es una pista que demuestre que quien lo rompió no fuiste tú.

Y si encuentras esa pista, casi seguro que darás por finalizada la investigación de «¿quién falló?», por si acaso al seguir revisando aparece otra pistita más atrás que te diga que quizá sí fuiste tú quien empezó a quitar ladrillos del castillo que pensabais construir.

Y, además, lo doloroso de las relaciones, cuando fallan, no es el día en que se terminan.

Lo doloroso es el día en que te das cuenta de que dijiste «sí» a una historia que tenía como destino un gran «no».

Y como esa gran revelación siempre aparece después de haber compartido cosas, cuanto más tarde en llegar, más cositas llevarás ya en la mochila y más te costará decir «me bajo».

Lo más duro de una relación es el día en que ya ves claro que te está llevando a un lugar al que tú no quieres ir y no sabes bien cómo bajarte sin romperte ni romper.

Así que imagino que acabamos de llegar al punto donde creo que ya sé qué significa la frase con la que hemos empezado este viaje.

¿La recuerdas?

«Aprende a distinguir lo que quieres de lo que necesitas».

LA DECISIÓN

Cada día toca tomar mil decisiones. De hecho, si lo pensamos muy fríamente, una gran parte de vivir consiste en decidir qué vas a hacer con lo que está pasando ahora.

En lo único que no puedes decidir qué vas a hacer es en lo de nacer y, generalmente, en lo de morir.

Lo sé. Sé que hay gente que llega a niveles de tristeza, soledad, desconcierto, desesperación y dolor tan profundos que no puede esperar a que sea la muerte quien decida cuándo toca y deciden ellos.

Así que déjame hacer dos paréntesis.

El primero es por si acaso estas líneas las está leyendo alguien que tiene cerca a otro que está en esa profundidad.

Lo que te diré ahora es muy pero que muy importante.

Cuando alguien toca fondo, salir a flote no solo le parecerá imposible, sino que también le parecerá absurdo. No encontrará absolutamente nada por lo que le parezca que valdría la pena intentarlo.

Nada.

Da igual lo que te digan, cómo te lo digan y quién te lo diga. Cuando estés en el fondo, dejar de estarlo te parecerá absurdo e imposible.

Así que seamos sinceros, si sacar del fondo a alguien fuese tan sencillo como «encuentra lo que más le guste y recuérdale que piense en ello», estaríamos todos bien.

En cuanto alguno se cayera, simplemente habría que asomarse al borde del acantilado y gritar: «¡Piensa que dentro de tres meses se estrena la última de Indiana Jones!», y el del fondo diría: «¡Hostia! Es verdad», y empezaría a escalar a toda leche.

Así que no pierdas el tiempo intentando convencerle de que tiene mucho por lo que valdría la pena remontar, porque en ese momento no descartes que le sirva para sumar un poquitín más de culpabilidad al hecho de ser incapaz de valorarlo, y lo único que harás será abrirles la puerta a millones de argumentos acerca de por qué todo eso que tú crees que significa algo en realidad no vale absolutamente nada.

Digamos que, al caer en lo más hondo, lo primero que consigue tu cerebro es poner la capa esa que usaba Harry Potter para hacerse invisible sobre cualquier cosa por la que pudiera valer la pena vivir.

Y el segundo paréntesis es por si eres tú el que ahora mismo está pensando:

«Entonces, ¿cómo consigo rehacerme si siento que no tengo nada por lo que valga la pena intentarlo?».

Ahora te lo cuento.

Y aunque lo que te voy a decir es a título completamente personal, te pido que cojas el subrayador y marques esto, porque te juro que lo digo con el corazón en mis manos y a la vista.

Da igual que no me creas. Subráyalo.

Debes hacerlo porque haces falta.

Estás roto porque tienes una fragilidad que otros no tienen. Y eso te convierte en una herramienta maravillosa a largo plazo.

Gracias a que te has roto, sabemos que tienes corazón.

Gracias a que te has roto, sabemos que eres capaz de sentir.

En resumen:

Gracias a que te has roto, sabemos que la vida te importa.

Es cierto que necesitas crearte una coraza para que no te rompas cada dos por tres, porque, como comprenderás, yo no puedo escribir un libro cada puto año para explicarte cosas, pero, gracias a que te has roto, sabemos que no eres un bloque de hielo al que no le importa nada.

Así que debes remontar porque haces falta para empezar a equilibrar la balanza de este mundo.

Si formas parte del grupo que ahora mismo es incapaz de ver una salida, lo único que puedo decirte es que lamento con toda mi alma que estés teniendo que dar vueltas por ahí.

No tengo ni idea de qué profundidad tiene ese pozo. Solo una vez en mi vida pasó, de forma ultrafugaz, la posibilidad de ponerle fin a todo. Y me he planteado mucho si mencionarlo o no, porque yo era muy muy joven y pasó tan visto y no visto por mi coco que ni mucho menos pretendo que parezca que entiendo cómo te sientes.

Repito:

No tengo ni la más remota idea de qué profundidad tiene ese pozo.

Y si te voy a contar el momento en que ese pensamiento pasó por mi cabeza, te juro por mi vida que no lo hago por llamar un poco la atención, sino por si te ayuda en algo el análisis que he hecho años después de que pasara.

Siendo muy joven, una chica con la que tenía una relación demoledora psicológicamente —y con la que ya no quería estar— se inventó que la había dejado embarazada simplemente para quedarse mis ahorros fingiendo un aborto.

El día en cuestión, ella llegó, me golpeó, me dijo que estaba embarazada e inmediatamente le dije que necesitábamos hablar con nuestros padres porque éramos dos putos críos.

Ella me prohibió contárselo a nadie, porque aseguraba que necesitaba pensar, y yo le dije que, aunque por supuesto la última palabra era la suya, yo opinaba que seguir adelante era una locura por millones de motivos.

Ella insistía en que tenía que pensar mientras amenazaba con hacer barbaridades si yo se lo contaba a alguien en algún momento, y le dije OK a todo, pero que en cuarenta y ocho horas era imprescindible meter a algún adulto en la ecuación.

Día y medio después, ella me preguntó cuánto dinero tenía yo —soy de los que empezaron a currar a los dieciséis años, porque como estudiante era un desastre y me largué del instituto para empezar a trabajar—, se lo dije y coincidió que era la cantidad exacta que costaba por aquel entonces abortar en el sitio que había decidido ella y al que, por supuesto, me prohibió ir.

Me quedé esperando en una calle *random* de Barcelona frente a un edificio *random* durante un tiempo completamente *random*.

Por si no te has dado cuenta, yo de joven no era precisamente *espabilao*.

El caso es que la noche en que me dijo que estaba embarazada, cuando me quedé solo procesándolo, pasó por mi cabeza la posibilidad de ponerle fin a todo.

Y aunque en aquel momento lo relacioné con la vergüenza y con el hecho de que no sabía muy bien cómo cojones enfrentarme en cuarenta y ocho horas a contarles algo así a mis padres, años después me doy cuenta de que aquella idea apareció por un motivo muy distinto y más sencillo.

De repente, sentí el peso del mundo aplastándome el pecho, junto a la sensación de que acababan de arrancar cualquier posibilidad de que mi vida fuese como a mí me gustaría.

Esa noche fue como si alguien succionara absolutamente cualquier sensación agradable de mi alma y la rellenara solo con emociones que conseguirían helar el sol durante el resto de mi vida.

Así que, y si me equivoco te pido mil millones de disculpas, quizá el hecho de que estés dando vueltas en una habitación (de la que deseo que salgas cuanto antes) sea porque crees que algo o alguien acaba de arrancarte cualquier posibilidad de que tu vida sea como a ti te gustaría.

Algo o alguien te ha robado hasta el último gramo de esperanza relacionado con la posibilidad de ser feliz.

Pero si me regalas seis segundos, te juro que solo es una sensación que te tiene totalmente bloqueado y no te deja ver absolutamente nada más.

Insisto en que no tengo ni idea de qué es lo que te ha llevado hasta ese sitio. Pero te suplico que no escuches esa voz que intenta convencerte de que no podrás salir, porque no tiene razón.

Sencillamente está aprovechando que ha sucedido algo que ha roto por completo el futuro que tú habías imaginado y tu lista de miedos está tan reforzada por el cansancio, la soledad, la tristeza y el desconcierto que tú no puedes ver con claridad. Porque, además, como tu cerebro lleva sumergido demasiado tiempo en la vergüenza o la culpa, está más arrugado que nunca, todo está oscurísimo y, por supuesto, hace más frío del que ha hecho jamás.

Digamos que ahora mismo estás sin comida y en pelotas en mitad del Polo Norte creyendo que tu único futuro es el que habías imaginado y ya no hay más.

Pero la cantidad de futuros posibles para ti es infinita.

Y te prometo que, si te das a ti mismo una tregua para, en cuanto baje el dolor, centrar toda tu energía en empezar a reenfocar, descubrirás que hay una solución mucho más inteligente que ponerle fin a todo.

Aunque solo sea porque, gracias a ti, otros no tendrán que pasar por lo que estás pasando tú, porque podrás resumirles cómo saliste adelante en tan solo seis segundos.

Es una putada, pero quizá te ha tocado a ti pasar por la mierda que ahora mismo estás pasando para que puedas dar a otros las herramientas que les permitan salir rápido de ahí si alguna vez son ellos los que tocan ese fondo.

Por cierto…

De que toda la historia del embarazo y del aborto era inventada me enteré gracias a que una persona de su entorno descubrió lo que estaba sucediendo y se encargó de que me llegase la información.

Así que si da la casualidad de que estás leyendo esto…, gracias. Te debo un café *random* en cualquier rincón *random* de una ciudad *random* que te venga bien a ti.

NECESITAR DE VERDAD

Volvamos al lío.

¿Por dónde íbamos?

¡Ah, sí! Estábamos a punto de descifrar lo que había detrás de la frase:

«Aprende a distinguir lo que quieres de lo que necesitas».

Decíamos que gran parte de vivir consiste en decidir.

Y eso significa que cada día nos vemos obligados a tomar mil decisiones. Así que toca entender que lo que quieres y lo que necesitas no es siempre compatible.

A veces lo será y otras no tanto.

También puede suceder que algunas cosas que fueron compatibles hayan dejado de serlo y que algunas que no lo fueron antes ahora sí puedan serlo.

«¿Pero qué es más importante, Ángel? ¿Lo que quiero o lo que necesito?».

Pues, desde mi punto de vista, lo que necesitas.

«¿Por qué?».

Porque lo que necesitas, al menos en mi caso, siempre se relaciona con una emoción mucho más profunda.

Y me refiero a necesitar de verdad. No a esa mierda que decimos a veces de «es que necesito ese abrigo rojo».

No.

Lo que necesitas es no pasar frío, y para evitarlo quieres el abrigo rojo. Pero lo que necesitas es no pasar frío.

Así que, si todavía no tienes pasta para el abrigo rojo o no quedan de tu talla, píllate el azul, pero no te quedes pasando frío como si fueras gilipollas.

Vamos, que, desde mi punto de vista, es infinitamente más inteligente descifrar lo que necesitas y ponerte a ello en cuanto lo descubras.

Lo duro viene cuando, en lugar de encontrarte con un problema que se puede resolver con un objeto, descubres que el problema está en…

¿Recuerdas esto que dijimos hace un rato?

«[…] lo primero que deberías hacer cuando quieras ayudar a alguien que tengas la impresión de que está pasando por un momento en que su cabeza no está ahí, es estar totalmente seguro de que, para esa persona, uno de los mil problemas que pueda estar teniendo no seas tú».

Pues bien.

A veces, la gente de tu entorno no es consciente de que, probablemente sin darse cuenta, está siendo parte del problema, y entonces sí que viene un bache grande.

No descarto que esto que voy a decirte ahora mismo me suponga alguna que otra conversación aclaratoria con gente de mi entorno, pero si el precio de que en seis segundos tú comprendas algo que yo he tardado varios años en entender es tener que organizar una comida con algunos de los míos, para mí valdrá la pena.

TE QUIERO... DISTINTO

Vayamos al grano.

No pasa nada por cambiar la forma de querer a familiares y optar por alejarte y marcar algo de distancia.

A todos nos gustaría pensar en la cena de Navidad como una fiesta en la que, miren donde miren nuestros ojos, se cruzaran con familiares a los que amamos y admiramos profundamente, porque todas las personas sentadas a esa mesa, desde nuestros padres hasta el primo más lejano que se pueda tener, son seres de luz que con solo tocarnos nos llenan de una paz inexplicable, pero no sé si habrá millones de familias que se ajusten a esa descripción.

A medida que crecemos y vamos decidiendo cuáles son nuestros valores, no nos queda más remedio que aceptar que cabe la posibilidad de que algunos familiares ya no encajen con nuestra forma de ser o de pensar tanto ni tan bien como lo hacían hace un tiempo. Y aunque para algunos el hecho de que menganito o fulanita diga o haga ciertas cosas sean bobadas, si a ti no te parecen bien, no tienes que justificarlas simplemente porque compartís algo de sangre.

No sé tú, pero si yo viera a un amigo hacer algo que claramente no está bien, no podría seguir siendo su amigo.

Así que, ¿por qué debería seguir queriendo exactamente igual a un familiar al que he visto hacer lo mismo?

«Por respeto a la familia, Ángel».

Lo siento, pero no estoy muy de acuerdo con esa reflexión.

Creo que «por respeto a la familia» es importante ser capaz de dejar claro a quien haga las cosas mal que las ha hecho. Es más, creo que hay una cosa que muchos familiares no terminan de entender: las heridas provocadas por la familia duelen y se mantienen en el tiempo infinitamente más.

Respetar a la familia no es fingir que lo que está pasando o ha pasado no ha pasado y seguir como si nada. No existe la «inmunidad familiar».

Tus abuelos, primos, tíos, hermanos, padres o cuñados…, además de ser familia, son personas, y tragarte las emociones que te generen ciertas situaciones simplemente por respeto a otra persona, sea amigo o familia, y seguir como si nada solo sirve para que vayan pudriéndose en tu estómago, rellenándote de moho.

¿Nunca has sentido cómo, simplemente con pensar en que tienes que ponerte en marcha para ir a ver a alguien, el estómago ha empezado a revolverse?

¿De verdad crees que no sabes por qué es?

Si sabes por qué disfrutas yendo a visitar a unos, no hace falta ser un genio para saber por qué no disfrutas tanto cuando vas a ver a otros.

Sé, porque lo he vivido, que puede llegar un día en que nos sintamos tan pero tan mal de una forma tan constante que nos cueste descifrar dónde carajo está el origen del problema. Pero a veces no es tan difícil encontrarlo.

Y, obviamente, esto no lo escribo justo para aquellos que sienten que ya están atrapados en medio de una habitación llena de avispas rodeándolos y picándolos mientras, con los ojos cerrados, tratan de encontrar una puerta por la que poder salir.

Esto lo estoy escribiendo para los que de vez en cuando notan un respingo porque les ha picado algo.

No sigas como si no pasara nada o te aseguro que, en menos de lo que imaginas, descubrirás que también había una habitación llena de avispas para ti.

LA NECESIDAD DE MENTIR

Después del brote, mentí mucho acerca de cómo me sentía por dentro y ahora me doy cuenta de que lo hacía por no estirar y repetir conversaciones.

La gente que te aprecia querrá saber qué tal estás y, si no sabe gestionar bien su ansiedad, cabe la posibilidad de que las primeras semanas se conviertan en tu peor pesadilla, porque tendrás que enfrentarte a personas llamando o escribiendo prácticamente todo el tiempo para que les cuentes cómo vas, sin darse cuenta de que es muy pero que muy posible que acabes de contar lo mismo a otra persona y la idea de repetir la historia una vez más no te apetezca.

Por no hablar de que cualquier cosa que hagas que a los otros les resulte llamativa —porque no encaja en su concepto de *normal*— hará que te llamen de forma urgente para confirmar que todo OK, y eso te generará un poquito más de estrés, porque tendrás la sensación de vivir en una especie de *Gran Hermano,* donde cualquier cosa que hagas o que digas, si no encaja con lo que los demás consideran que deberías haber hecho o dicho, encenderá todas las alarmas.

De eso me di cuenta el 2 de septiembre de 2017, tres meses después de salir del hospital.

Ahora, necesito hacer un *flashback* para que me entiendas.

Rebobino…

> ¿Recuerdas lo que comentamos hace un rato sobre sentir que tú eres simplemente un personaje controlado por una versión de ti que está en otro planeta?
>
> Pues otra de las cosas que podía hacer esa versión tuya era imaginar las películas que nos llegan a nosotros a los cines. Y, por mucho que en los créditos ponga que la peli es de Bayona, si quien la imaginó fuiste tú desde ese otro planeta, en cuanto tu yo de este mundo consiga quitarse la venda de los ojos y ver cómo funciona de verdad el universo, recibirás las recompensas que te corresponden por haber imaginado *El orfanato* o *Lo imposible*.
>
> Por eso, el 4 de junio de 2017 entré en Facebook para dar la enhorabuena a mi pareja, Eva, por el éxito de *Wonder Woman*, convencido de que era una peli creada por la imaginación de quien la controlaba a ella desde ese otro lugar. Cuando colgué el póster de la película dándole a Eva todos los honores, se activaron las alarmas y acabé ingresado dos semanas.

Pues bueno…, el 2 de septiembre de 2017, como a la semana siguiente retomaba mis actuaciones como monologuista, decidí publicar en Instagram el póster de *Blade Runner* sustituyendo la cara de Harrison Ford por la mía, felicitándome a mí mismo por haber sido fichado como prota de esa peli.

Por cuestiones de derechos no podemos reproducir la imagen, pero si estás tan loco como para ponerte a buscarla, puedes pasarte unas horitas haciendo *scroll* hasta el 2 de septiembre de 2017.

angel_mg · Seguir ...

angel_mg 315 sem
Al final estaré en "Blade Runner 2049". Ryan todavía no entiende muy bien el cambio (puede verse en la foto promocional) y el resto de actores también están desconcertados. Espero no decepcionar a los fans de Harrison Ford pero el cambio vino sugerido por él. Decía que hacía falta un poquito más de comedia en la peli. Ah! Y aparte de en "Blade Runner 2049" también podréis verme a partir del 16 de septiembre en la chocita del loro haciendo mi cosa de hablar.
#nohagaisruidoqueestoyhablando

1413 Me gusta
2 DE SEPTIEMBRE DE 2017

Añade un comentario...

¡Tachán!

Ni los teléfonos de la Casa Blanca sonarían tan rápido en caso de una invasión extraterrestre. En menos de un minuto, tanto mi teléfono como el de Eva empezaron a sonar para tratar de descubrir si estaba todo bien.

Y aunque entiendo el agobio, porque reconozco que hacer un fotomontaje con el póster de una peli, teniendo en cuenta lo que había pasado hacía tres meses, no fue precisamente inteligente por mi parte, lo que me llamó más la atención fue la rapidez de las llamadas.

Me sentí como si alguien viviera en una sala de control llena de pantallas desde la que poder ver absolutamente todo lo que yo hiciese para actuar rápidamente en caso de que detectara algo que, desde su punto de vista, no fuese muy *normal*.

Así que a las llamadas de control para ver qué tal estás, tendrás que añadir las llamadas de preocupación cuando digas o hagas algo que no encaje en sus cabezas.

Por eso, en cuanto me di cuenta de que había miles de cosas que podían disparar esas llamadas, para minimizar todo lo posible las conversaciones, empecé a mentir un poco.

En cuanto noté que decir que estaba bien estiraba menos las conversaciones, empecé a responder «estoy bien».

Porque, además, también descubrí que, cuando comentas que estás mal, la reacción inmediata de muchísimas personas es empezar a recitarte la lista de cosas que no estás haciendo bien y deberías: «Es que tienes que dormir más», «Es que tienes que salir y dejar que te dé el aire», «Es que tienes que tener unas rutinas», «Es que tienes que dejar de darle vueltas», «Es que…», «Es que…», «Es que…», como si tú no lo supieras cuando eres quien mejor lo sabe. Solo que el cable entre «saber lo que hay que hacer» y «hacerlo» está desconectado.

Por eso durante una temporada empecé a mentir para tener que hablar y escuchar menos.

Pero ese es otro tema.

EMPEZAR DE CERO

Cuando estás en el proceso de reconstruirte, lo que cuesta es entender y aceptar que, a veces, el precio de tomar ciertas decisiones será decepcionar a gente o tener que empezar otra vez de cero en algo que pensabas que esta vez saldría perfecto. Y que eso, te guste o no, dolerá.

Y, aunque la recompensa sea sentirte mejor a corto o largo plazo, como el precio es el dolor, pagar asusta. Porque, aunque puedas intuirlo, es difícil saber exactamente cuánto dolerá. Porque eso dependerá de cuánto altere esa decisión tu mundo y, quizá, el de los demás.

«¿Lo entenderán quienes quiero que lo entiendan?», «¿Se quedarán los que quiero que se queden?», «¿Saldrán las cosas como quiero que me salgan?». Es como si el miedo te regalase una muestra gratuita de la angustia que sentirás al tomar la decisión.

**Es lo que tiene vivir. Que, al final, todo está encadenado a algo.
Esa es la trampa de las cosas.**

Que acaban formando una especie de Tetris en el que, si dejas algo, tendrás que asumir que mínimo dos o tres cosas que no están tan mal casi seguro que también desaparecen.

No hay nada de lo que puedas deshacerte con la sensación de que no influirá en otra cosa que quizá no te apetezca tanto perder.

«Si me bajo de esta relación, me quedo sin esto».

«Si dejo este trabajo, me quedo sin aquello».

En definitiva:

«Si me largo de aquí, ¿perderé aquello de allí?».

Renunciar a algo que te hace daño implica, quizá, renunciar también a aquello que, quizá, te hace bien.

La pregunta es:

¿Podré soportarlo o será muy muy duro?

La putada es que la respuesta a esas preguntas siempre está detrás del miedo y del ruido. Y aunque molaría mucho poder asomarse y ver qué pasará si tomas ciertas decisiones, desgraciadamente no se puede. Para saber qué pasará al hacer tal o cual cosa no te queda más remedio que hacerlas.

Y ahora es cuando me encantaría decirte que hay una manera de dar esos saltos al vacío sin sentir miedo, pero no la hay.

Tomar ciertas decisiones implica tener que dar lo que, justo en el momento, te pueden parecer algunos pasos hacia atrás.

Y eso, generalmente, cabrea, porque sientes que te tocará empezar de cero y que debes renunciar a todo lo que se había construido o se estaba construyendo. Pero tómatelo como si se tratara de una partida que estabas echando a un videojuego. De repente, la luz se ha ido sin que tuvieras tiempo de guardarla y toca volver a empezar, pero esta vez con la ventaja de poder hacerlo prestando atención a la emoción que te genere cada persona, cosa o situación que se cruce en tu camino. Te aseguro que construir será mucho más rápido y sencillo, porque esta vez estarás al loro.

Imagino que construir una casa es más fácil si ya llevas por lo menos una construida, ¿no?

Me encantaría saber en qué momento dejamos de prestar atención a nuestras emociones.

Me encantaría saber cuál fue la primera vez en que, cuando nos pasó algo que nos dejó desubicados y tambaleándonos, decidimos seguir con nuestro día como si no pasara nada.

Estoy seguro de que todos tenemos ese momento.

Seguro que, si fuésemos capaces de echar la vista atrás con la intención de sentir y recordar con la mayor claridad posible cada momento vivido hasta ahora, descubriríamos lugares donde pensaríamos: «Aquí debí pararme un rato a hablar conmigo y reenfocar».

Aunque yo ahora presto una atención milimétrica por si aparecen momentos de ese tipo, no fingir que no han pasado y actuar en consecuencia, muchas veces me siento a tratar de localizar cuántos de esos momentos he tenido, porque creo que esos momentos tienen pistas de por qué ahora yo soy así.

Y aunque no siempre sucede, algunas veces los encuentro.

Encuentro situaciones en las que dije «sí» cuando en realidad tenía claro que debía decir «no», y me doy cuenta de lo que ha provocado eso en mi cabeza; localizo trenes en los que no quería subir, pero subí, y me sirve para encontrar equipaje que en realidad no necesito; me veo aparcando sueños que no quería aparcar porque no sé quién me dijo que eran absurdos, fingiendo que me convencían cuando sabía que me mentían; riendo gracietas que no me hacían gracia; fingiendo ser de una manera que no podía ser; mintiendo en lugar de decir la verdad por miedo a que me mirasen raro…

Y entonces me entiendo un poco más y tengo nueva pista acerca de algo que, si estás prestando atención, recordarás que te pregunté al principio:

¿Sabes al menos quién fuiste?

6

¿QUIÉN FUI?

EN REALIDAD, a menos que hayas vivido algún momento que te haya obligado a frenar rápidamente y hayas decidido volver a arrancar teniendo claro lo que haces, casi nunca hay una línea muy muy clara que haga de frontera entre quién eres y quién fuiste.

Pero quizá sí haya momentos que definan ciertos límites.

Una vez, hablando con alguien que había sufrido malos tratos, entendí por qué algunas personas que habían pasado por situaciones parecidas a la suya podían discutir sin ningún tipo de problema y a los diez minutos se les había pasado todo, y no entendían por qué la persona con la que habían estado discutiendo y a la que le habían dicho cosas fuertes seguía tocada o de mal rollo todo el día.

Y era simplemente porque, para muchas de esas personas, discutir en «modo fuerte» era algo tan habitual como para nosotros mojarnos un poquito al beber agua. Simplemente discutían como si no hubiera un mañana, decían ciertas salvajadas que podrían dejar fuera de combate a la persona más dura que conozcas, y medio minuto después se te acercaban en plan: «¿Pero por qué sigues enfadado, si ya han pasado por lo menos diez minutos desde que hemos discutido?».

Para ellos, hacer un *reset* con lo que acababa de pasar era muy pero que muy sencillo.

Muchos nos comportamos y actuamos de una forma simplemente porque así hemos visto que se comportaban con nosotros o a nuestro alrededor.

Así que quizá esto que te diré ahora te sirva de algo algún día:

Tú no eres tus padres, tus parejas, tus amigos...
Y sus miedos, sueños, traumas o vergüenzas no son tuyos.

Y aunque entenderlo o darse cuenta es importante, no lo es tanto como, una vez descubierto, saber qué vas a hacer.

Conozco a mucha gente que de repente dice:

«¡Lo tengo! Mi problema es que nunca me enseñaron a ______________________________________

[rellena este espacio con lo que prefieras]».

Y pienso: «OK. Y ahora que ya sabes que nunca te enseñaron a ______________________________

[rellena este espacio con lo que sea que hayas puesto antes], ¿tienes pensado aprender o vas a quedarte el resto de tu vida repitiendo una y otra vez que nunca te enseñaron?».

No lo pregunto de mal rollo. Lo pregunto porque quizá no te has dado cuenta de que el hecho de que no te enseñaran ciertas cosas no significa que ya no puedas aprenderlas.

A mí no me han enseñado muchas cosas, pero, en cuanto me he dado cuenta, me he puesto a aprenderlas por mi cuenta.

¿Es cansado?

Mucho.

¿Aburrido?

A ratos.

¿Sirve?

Desde luego.

Sobre todo, porque hacer eso es lo que hará que empieces a dejar de ser lo que los demás querían que fueses y comiences a ser quien de verdad quieres ser.

Aunque adoro el silencio, hablo mucho conmigo mismo, porque me ayuda a darme cuenta de si estoy o no actuando por inercia o decidiendo por motivos relacionados con lo que de verdad me interesa ahora que empiezo a ser quien quiero ser.

Y no creas que siempre son conversaciones sobre cómo actuar en temas trascendentales.

También son conversaciones conmigo mismo sobre los temas más cotidianos y triviales que te puedas imaginar. Digamos que he creado una especie de voz que se comporta como un crío de esos que, como se aburre de ir sentado en la parte de atrás del coche, no hace más que preguntar: «¿Dónde vamos?», «¿Falta mucho?» o «¿Y esto que estamos haciendo ahora para qué es?».

De hecho, gracias a una de esas conversaciones descubrí que me estaba generando ansiedad un tema que jamás hubiese sospechado que me podía llegar a estresar tanto y que tenía que ver con mi pasado.

Te lo contaré por si al leerlo descubres que, a lo mejor, tú también deberías preguntarte el porqué de ciertas cosas que ahora mismo estás haciendo, no sea que te estés cargando con presiones u objetivos que nacieron hace años, pero que ahora mismo son absurdos.

Hubo un tiempo en mi adolescencia en que me planteé muy seriamente dedicar mi vida a tocar el piano por garitos. A los diecinueve empecé a tomar clases particulares de piano y te juro que podía pasar hasta ocho y nueve horas repitiendo los ejercicios que el profesor me mandaba. Estuve así un par de años, pero surgió la posibilidad de mudarme a otra ciudad para centrarme en la comedia y opté por aparcar lo del piano.

Y, aunque siempre seguí trasteando, olvidé todo lo aprendido hasta que, después del brote, decidí retomar un poco más en serio el tema, haciendo lo que hacía siempre que intentaba retomar lo de tocar.

Busqué un profe, fijamos un día a la semana y me ponía deberes para la siguiente. Como mi vida es bastante distinta a la que tenía a los diecinueve, casi siempre llegaba a clase sin los deberes terminados y tenía que disculparme porque eso implicaba avanzar un poco más despacio.

Hasta que una semana me vi llamando a mi profesor pidiendo aplazar la clase porque no había hecho los deberes.

Si tienes más de cuarenta años, es probable que entiendas lo jodidamente raro que es llamar para pedir disculpas por no haber hecho los deberes. No para pedir perdón por no haber terminado a tiempo algún trabajo, perdón por no haber conseguido que no sé quién firmara tal o cual contrato o perdón por haber llegado tarde a una reunión..., ¡perdón por no haber hecho los deberes!

Así que, nada más colgar, me pregunté: «Si ya sé que no quiero dedicar mi vida a ser pianista, ¿por qué me estoy generando la misma presión que si quisiera serlo?».

Y la respuesta apareció de forma prácticamente inmediata: «Porque así es como lo hacías y no has gastado ni un segundo en pensar de qué otra forma puede hacerse, teniendo en cuenta que los motivos por los que lo estás haciendo ahora son distintos».

Te juro que el resto del día lo pasé pensando en cuántas inercias se habían instalado en mí simplemente porque no me había parado a pensar en lo mucho que mi vida había cambiado desde los diecinueve años.

Descubrí tantas pero tantas cosas que me seguían acompañando porque durante mucho tiempo las había estado haciendo así y no me había parado a pensar que, a medida que mi vida iba cambiando, podían hacerse de otra forma, que necesitaría otro libro aparte.

Así que, cuando tengas un ratito muerto en el que no sepas qué hacer, te sugiero que te pares a pensar: «¿Por qué estoy haciendo esto de esta forma?».

Y a lo mejor te pasa lo mismo que me pasó a mí. Que gracias a analizar esas cositas empecé a darme cuenta de quién fui, y al ir modificándolas para ajustarme un poco más al tipo que ahora mismo soy, llegó la pregunta que más tarde o más temprano, seguramente, también a ti te llegará:

«¿Quién quiero ser?».

7

¿QUIÉN QUIERO SER?

POR SI ERES DE LOS QUE NECESITAN SABER si existe la posibilidad de que ese descubrimiento llegue demasiado tarde, te diré que yo necesité más de cuarenta años, varios trabajos distintos, pasar por un brote psicótico, una pandemia y escribir un par de libros para descifrarlo, entre otras muchas cosas.

Pero ahora sé que tardé porque no estaba prestando atención a lo que había *detrás del ruido.*

No tengo ni idea de cómo sonará el interior de la cabeza de un recién nacido, pero no creo que nada más salir del interior del vientre, su coco empiece a taladrarle con movidas tipo: «¿Les gustaré?», «¿Estaré a la altura de lo que se espera de mí?», «¿Conseguiré que esta oportunidad de estar vivo sirva de algo?».

Imagino que, si pudiéramos ver y escuchar dentro de su tarro, a los dos segundos diríamos: «Nada. Vacío. Ahora mismo este crío es un bicho que solo sabe distinguir entre "estoy a gusto" y "no lo estoy". Cuando está a gusto no hace ruido y cuando no lo está berrea. Fin. Se llenará según vaya creciendo con lo que vea, sienta y escuche».

A medida que vivimos, descubrimos que, cuando hacemos algo que a otros les parece que está bien, nos felicitan; que se enfadan o entristecen si no les gusta tanto; que, según cómo seas, gustarás a algunos más que a otros, y que, como tú no sabes qué te gusta o no te gusta porque acabas de llegar a esta movida de vivir, habrá gente intentando convencerte de que la mejor forma de vivir es esta y gente que asegurará que en realidad es muchísimo mejor aquella.

Quien haya sido infeliz con sus parejas te dirá que no tengas pareja, quien haya sido feliz insistirá en que te enamores cuanto antes, quien haya tenido hijos y lo esté gozando te dirá que los tengas, quien los odie te dirá que no los tengas, quien haya aguantado una vida dura te dirá que la vida es muy difícil y quien haya conseguido ser feliz te dirá que estar vivo es increíble.

Y aunque todos, sin excepción, tienen razón, todos te estarán llenando la cabeza con reflexiones basadas en lo que han vivido ellos.

Pero tú no eres ellos y su vida no es la tuya. Por eso es importante parar y preguntarte quién quieres ser. Para no cometer el error de estar queriendo ser algo simplemente por la experiencia que han tenido los demás.

Y, por si te ayuda, te diré que después de preguntarte «¿quién quiero ser?», no estaría de más que te preguntases «¿por qué lo quiero ser?».

Me explico:

La clave no está en saber qué quieres ser.
La clave está en saber por qué lo quieres ser.
Porque descubrir ese porqué te ayudará
a eliminar mucho ruido.

Es imprescindible descifrar si lo estás queriendo ser por ti o por un motivo de los que comentábamos al principio del capítulo: que te felicite alguien a quien quieras o admires, que no se enfade una persona a la que no quieres enfadar, gustar a quien te gusta, cabrear a quien odias, no llevar la contraria a menganito o fulanita, que siempre dijo que eso era lo mejor.

Porque, aunque te parezca que esos también son motivos válidos, si la clave de querer ser algo no es por ti, corres el riesgo de que, una vez conseguido y recibida la reacción de la otra persona, te veas en un lugar que no te interesa y te preguntes: «¿Y ahora qué?».

La mayor ventaja de romperte es que todo el ruido que generalmente tenemos llenando la cabeza y que nos impide pensar con claridad se convierte en silencio. Y, aunque al principio te parecerá que el silencio es igual de complicado, o incluso un poco peor, porque ni siquiera tienes una sola voz susurrándote por dónde debes ir, déjame que te pregunte algo: ¿qué sospechas que es más fácil?, ¿imaginar una canción en una calle con martillos hidráulicos taladrando el suelo a todas horas, con coches pitando, gente hablando a gritos por el móvil y camiones de basura retirando los contenedores de vidrio, o imaginarla a solas, sin ruido, frente a un lago en plena noche?

No fue hasta después de volverme loco cuando fui consciente de la cantidad de ruido que solemos tener en la cabeza.

No sé tu cabeza, pero la mía está llena de ruido.

Y no me refiero al ruido que provocan los coches, la gente, la música de las tiendas, el viento, unas obras, los ladridos, la radio, la tele, unos gritos al fondo, tu móvil, el suyo…, que, por supuesto, como ruido, también es muy molesto.

Me refiero al ruido que generan pensamientos y conversaciones que tenemos con nosotros mismos cada puto segundo relacionados con nuestro pasado, presente o futuro, y que retumban en nuestra cabeza incluso si estamos a solas.

No sé para ti, pero, para mí, una de las cosas más complicadas del día a día es saber distinguir los pensamientos principales de los pensamientos secundarios, que solo aparecen porque estoy triste, cansado o asustado.

Cuesta mucho distinguir los pensamientos útiles de los inútiles.

Y no me refiero a inútiles en plan «tontos», sino inútiles que no sirven para absolutamente nada.

Por eso creo que a veces cuesta tanto saber cómo estás de verdad. Porque todos los pensamientos compiten por captar tu atención y generalmente ganará el que más dolor y ruido provoque.

Digamos que es como si el interior de la cabeza fuese un almacén lleno de radios que alguien ha dejado en marcha, pero sintonizadas en distintas emisoras a un volumen alto de cojones. Con el problema de que, aunque todas sonarán al mismo tiempo, dependiendo de cómo estés, algunas se escucharán a un volumen más alto que las otras y, obviamente, habrá emisoras diciéndote que la verdad es A y emisoras diciéndote que la verdad es B.

Es importante dejar claro cuanto antes que la que suena más alto no siempre es la mejor ni la que dice la verdad.

Simplemente suena más alto porque las otras van más flojas de pila.

La buena —y también mala— noticia es que cada decisión que tomes, por pequeña que sea, servirá para recargar las pilas de unas o de otras. Por eso es importante aprender a escuchar *detrás del ruido:* para no recargar pilas de la radio equivocada, sino de la que tú quieres escuchar más alto.

Una de las ventajas que tuvo volverme loco fue que, durante una temporada, pude ver qué es lo que pasa cuando todas esas radios que antes captaban emisoras distintas empiezan a sintonizar la misma, y todo eso que antes era «ruido» se convierte en una única canción.

Me explico:

Volverse loco significa no poner en duda absolutamente ningún pensamiento que tengas.

Ninguno.

Y no los pones en duda por un motivo muy sencillo: no se contradicen entre ellos.

Todos los pensamientos que aparecen durante un brote psicótico se interpretan como una verdad absoluta.

No importa lo descabellados que parezcan.

Durante un brote, el ruido se convierte en una especie de sinfonía perfecta, donde cada pensamiento simplemente es un nuevo instrumento que aparece cuando llega su turno y toca la nota que encaja de forma totalmente afinada dentro de la sinfonía. Por eso es tan importante que no intentes convencer a quien está sufriendo el brote de que lo que siente no existe.

Porque para él existe, y el hecho de que tú insistas en demostrarle que eso no es así casi seguro te convertirá en una de estas dos opciones: tonto por no ser capaz de verlo o enemigo por estar intentando convencerle de que lo que está diciendo no es verdad.

De hecho, nunca he tenido tan claro que estaba en lo cierto como cuando estuve loco.

Nunca.

Y haber sentido eso es tan fascinante como duro y triste.

Porque la sensación de que estás en lo cierto, aunque lo que estés creyendo sea tan descabellado como pensar que la Tierra no es más que una nave yendo a otro planeta, es tan pero tan salvaje que no sé si alguna vez volveré a sentir nada con tanta certeza.

¿ROMANTIZAR LA LOCURA?

Por eso es tan importante no olvidar que sufrir un brote psicótico te llevará a un mundo completamente mágico donde todas las emociones y sensaciones se dispararán más allá de lo que alguien que no lo haya sufrido nunca podría llegar a imaginar.

Y es importante que lo tengas siempre muy presente, porque viajar a ese lugar es una sensación que se quedará instalada para siempre en quien la viva.

No importa que al salir del hospital sepas que lo que pasó fue provocado por un desajuste de cositas que van dentro del coco. Quien lo vivió, y por tanto lo sintió, lo hizo con la misma verdad con la que tú sientes el calor si acercas una mano al fuego.

E insisto en repetir esto una y otra vez, porque solo quienes lo han vivido pueden entender lo complicado que será procesar que, a partir de entonces, vivir será muchísimo menos intenso comparado con aquellos días.

Es como tener que aceptar que jamás volverás a sentir lo que sentiste la primera vez que tu mano rozó la mano de ese alguien que tú sabes.

Es complicadísimo explicar a los demás que después de sufrir un brote psicótico todo te parece muchísimo más neutro.

La vida es más aburrida.

Y por mucho que me intenten convencer de que eso es bueno, en el fondo no puedo evitar pensar que en realidad es una putada.

Obviamente, prefiero poder mirarme en el espejo sin el agobio de sentir que mi reflejo está intentando apoderarse de mi vida. Pero no puedo evitar echar de menos la sensación de sentir la novedad en el estómago con cada parpadeo.

No puedo evitar echar de menos sentir que, mire donde mire, el universo me está dando una pista superclara de cómo debería actuar para que todo salga como espero.

Es como si me hubieran dado a probar una pequeña muestra de lo que podría ser una vida sintiendo las cosas de una forma que ya no puedo sentir.

Cuando menciono algo así, casi siempre salta algún experto soltando una frase que alguien hace siglos debió de decir un día y ahora otros repiten por inercia:

«Estás romantizando la locura».

No, amigo.

No estoy romantizando la locura.

Lo que estoy intentando explicarte es que, igual que hay cosas que no desearía volver a vivir ni de broma, como por ejemplo creer que Xena —mi perra—, en lugar de jugar a escarbar un agujero, está siendo absorbida por unos conejos y no volveré a verla nunca más porque se la van a llevar para siempre a Dios sabe dónde, también sé que creer que estoy a pocos metros de tocar la luna con mi propia mano es la sensación más hermosa que he tenido jamás.

La ventaja es que la idea de que unos conejos estén intentando absorber a mi perra a través de la tierra es tan aterradora que, ahora mismo, cualquier cosa que pueda vivir también me da menos miedo.

Por eso remontar después de que tu cabeza haga crec será solo el principio. Porque durante una temporada viviste en un mundo al que parecía que le hubiesen subido el contraste al máximo y, ahora, sin el filtro que le puso la locura, todo está más apagado.

No es lo mismo salir a la calle y, al notar el sol en los ojos, creer que es porque la nave en la que vas se está acercando demasiado al Sol y necesitas contactar rápidamente con la torre de control para que manden al piloto la orden de modificar el rumbo si no quieren ver cómo morís achicharrados tú y los elegidos antes de que acabe el día, que salir a la calle y al notar el sol en los ojos pensar: «Tenía que haber *cogío* las gafas».

La primera opción convierte tu día en una peli de aventuras muy salvaje y, además, como al final del día nadie muere achicharrado, llegas a la noche con la sensación de haber salvado muchas vidas gracias a que te diste cuenta y conseguiste que la nave corrigiese el rumbo antes de la gran tragedia.

A menos que dé la puta casualidad de que ese día sea noticia algún incendio. Te aseguro que si el día en que piensas que tu nave va camino al Sol ves una noticia de un incendio, lo que pasará en tu cabeza será que se reforzará todavía más lo que pensaste y te cabrearás con la torre de control por no haberte escuchado en cuanto diste la voz de alarma.

Un brote psicótico convierte la vida en una peli donde no tienes un solo segundo de respiro, porque todo lo que sucede convierte cada momento en un libro de aquellos de «elige tu propia aventura», donde todo lo que pasa en el universo está hiperconectado.

Y eso hará que tu cerebro no tenga tiempo de preocuparse por absolutamente nada de lo que nos solemos preocupar habitualmente, porque está demasiado ocupado con movidas infinitamente más grandes y graves que bobadas como que, si no pones la lavadora mañana, no habrá calcetines limpios.

Lo que pasa es que, en la vida, hay muchas más decisiones del tipo «poner lavadoras para tener mañana calcetines» que del tipo «reconducir la nave para no morir achicharrados».

Sin embargo, y aquí viene lo gracioso, vivimos la mayor parte del tiempo como si todas las decisiones que tenemos que tomar fueran del tipo «reconducir la nave para no morir achicharrados».

Y precisamente esa es una de las cosas que aprendí después del brote:

No todo es igual de urgente.

RECUPERAR LA LOCURA

Nos hemos acostumbrado a decir «tengo mil cosas que hacer» cuando en realidad es mentira. Nadie tiene «mil cosas que hacer». Ni siquiera la persona más ocupada del mundo, que ya te aseguro que no somos ni tú ni yo, tiene «mil cosas que hacer».

De hecho, no descarto que si hiciéramos las cuentas reales de cuántas cosas hace de media en toda su vida una persona, casi ninguna llegue a mil.

Por eso insisto tanto en el poder de la verdad y las palabras. Porque, aunque sé que decimos lo de «tengo mil cosas que hacer» para referirnos a que tenemos mucho lío, te aseguro que repetirte una y otra vez que tienes «mil cosas que hacer» solo sirve para que tú mismo te generes la sensación de no saber ni por dónde empezar a resolver.

Pero si fueses honesto y te dijeras la verdad, te darías cuenta de que, en realidad, lo que seguramente tienes no son «mil cosas que hacer», sino un par de decisiones importantes que tomar.

Y siento ser yo quien te lo diga, pero, hasta que no las tomes, lo único que cambiará será que la sensación de que tu vida está estancada y cada segundo que pasa pesa más aumentará.

Otra de las cosas que aprendí durante el brote fue que la locura no te permite dejar ninguna decisión para más tarde.

Nada se queda sin hacer simplemente por pereza.

La pereza no existe.

En cuanto se cruza en tu camino una señal que indica que debes actuar si no quieres que pase esto o aquello, actúas.

Siempre, absolutamente siempre, estás ocupado con lo que en ese momento es, según tu cabeza, lo único que importa justo ahora.

Y eso es algo que decidí recuperar de la locura.

En estos dos años mucha gente me ha preguntado que cómo puedo decir que volverme loco ha sido lo mejor que me ha pasado en la vida. Y creo que me lo preguntan porque no se dan cuenta de que esa no es una reflexión que uno hace al salir del hospital.

Obviamente, nadie sale del ala de psiquiatría con sus botecitos de pastillas y la cabeza rota pensando: «Esto es lo mejor que me ha pasado en la vida. Ojalá se repita cuanto antes». Al contrario. Sales teniendo la certeza de que eso es lo peor que te ha pasado en la vida y dando por sentado que «se acabó».

Darte cuenta de que lo que te ha pasado, con mucho esfuerzo y trabajo, puede convertirse en tu mayor ventaja es algo que te llevará tiempo.

Mucho.

Y aunque yo estoy escribiendo estos libros con la esperanza de que a ti no te lleve tanto como me está llevando a mí, estoy convencido de que también necesitarás el tuyo.

Solo intento darte alguna que otra pista más o menos cada seis segundos sobre cómo estoy viviendo yo desde que pasó lo que pasó, por si te viene bien probar algunas carreteras que voy construyendo para mí.

Puede que me ingresaran por volverme loco, pero, si te soy sincero, lo más loco que he hecho en mi vida tiene que ver con una decisión que tomé para remontar cuando, una vez en pie, me pregunté: «¿Por qué no utilizar la locura y algunas de las ideas que me aparecieron en el coco a mi favor, para ver adónde me llevan?».

Aunque en *Por si las voces vuelven* te dije que para remontar de aquel vacío decidí traer de vuelta a la locura para tratar de usar algunas cosas a favor, si no supiste leer bien entre líneas, quizá te perdiste la segunda parte de lo que trataba de contarte. Pero si has llegado hasta aquí, es justo que te lo diga de la forma más clara posible y que sea lo que Dios quiera.

Recuperar parte de la locura no fue algo que hiciera solo para remontar.

Recuperar parte de la locura es algo que hago cada puto día para mantenerme en pie.

Ahora es cuando suena el timbre de la puerta y son los del hospital, que vienen a ingresarme otro par de semanitas.

Pero antes de que suene el timbre, tengo que aclarar que ajustar el volumen de las voces no ha sido sencillo, porque al principio lo hice a saco, tratando de recuperar todo sin prestar apenas atención.

Como te he dicho al principio, y visto desde donde estoy ahora, no descarto que mi intento de aprender a «graduar» la locura me hiciera rozar el palo de sufrir un nuevo brote a principios de 2018.

La fuerza con la que en aquella época se estaba intentando instalar en mi cabeza el señor Gris fue muy salvaje.

> Pequeño inciso:
> Si no sabes quién es el señor Gris, te recomiendo echar un ojo a mi otro libro y te quedará muy claro. Si no lo has leído, ni siquiera hace falta que lo compres. Ve a cualquier librería, busca en el índice el capítulo llamado «El señor Gris», ve a la página que marca, léetelo y vuelve a dejar el libro en el estante.
>
> Si te llaman la atención, diles que yo te he dicho que podías hacerlo. Pero por si no tienes tiempo de ir a una librería o no quieres gastar

> más dinero en mí, te diré que el señor Gris se resume en esa voz que no hace más que taladrarte el cerebro con la idea de que no vales para nada.

Creo que esa fue la etapa en la que más mentí acerca de cómo me sentía realmente.

Las voces que trataban de convencerme de que había perdido cualquier tipo de capacidad relacionada con crear estaban al volumen más alto que habían alcanzado nunca.

Pero como estaba tratando de arrancar varios proyectos, no quise contar nada para no preocupar a nadie.

Tengo defectos.

Muchos.

Y uno de ellos es que, si me embarco en algo, necesito sentir que no me estoy perdiendo nada del proceso y que el proyecto se parece al máximo a lo que hay en mi cabeza.

Afortunadamente, estoy aprendiendo a confiar, y delegar ciertos procesos me resulta cada vez más fácil. Pero en ese momento no podía, porque necesitaba tener la certeza de que aquello saldría bien a pesar de oír en mi cabeza un constante bombardeo de «saldrá mal», ya que eso serviría para confirmar lo que todos ya sabemos:

«No vales para absolutamente nada».

Tampoco quería arriesgarme a tener que medicarme, porque sabía cuáles eran los efectos secundarios —más adelante prometo contarte mi relación con las pastillas—, y me agobiaba que comentarlo en casa hiciera que la preocupación volviera y yo empezara a sentirme demasiado «vigilado».

Así que, aunque no me siento orgulloso y ahora sé que fue una estupidez, decidí entrar de lleno y a saco en forzar la interpretación de las señales.

Cada vez que llegaba un pensamiento que tenía intención de hundirme, buscaba una señal que me demostrara que ese pensamiento había sido destruido. Me esforzaba en interpretar todas las palabras como si estuvieran enviándome mensajes del universo. Trataba de relacionar cualquier conversación que hubiera en los alrededores o cualquier cosa que pasara cerca con pensamientos que confirmaran que yo tenía razón al pensar que todo saldría bien. Veía vídeos y películas imaginando que me hablaban de forma encriptada. Escuchaba canciones obligándome a sentir que el mensaje había sido creado para demostrarme que todo saldría bien. Imaginaba personajes ficticios junto a mí animándome y dando el OK a cualquier cosa que pensara o escribiera…

Fue una puta locura.

Dedicaba cada segundo a crear en mi cabeza alguna voz que me impidiera pensar que no sería capaz de hacerlo para convencerme de que todo saldría bien. Y, claro, no dormía, porque trabajaba en el proyecto más de quince horas al día, tratando de ajustar hasta el último detalle.

Y aunque recuerdo aquella etapa como una de las más cansadas de mi vida —sin contar el brote—, hubo una noche en la que sentí que saldría bien.

Sentí que, a pesar de lo agotador que estaba siendo, estaba consiguiendo apagar al señor Gris.

Y te juro por mi vida que, en aquel momento, al mirar por una ventana que estaba en la habitación donde trabajaba y que prácticamente se había convertido en mi mundo, pasó una estrella fugaz, en mi cabeza sonó «pide un deseo» y rompí a llorar pensando:

«Necesito que sea cierto».

Y me asusté.

Me asusté, porque, obviamente, el hecho de que pasara una estrella fugaz era algo que yo no podía forzar, aquel «pide un deseo» lo sentí con la misma fuerza con la que uno siente un empujón al intentar subir al metro en hora punta, y durante unos segundos me sentí exactamente igual que me había sentido durante el tiempo en que parecía que todo el universo trabajaba a mi favor dándome pistas salvajes relacionadas con que todo saldría bien sin necesidad de tener que hacer yo ningún esfuerzo.

Durante unos segundos, los colores tenían la misma fuerza, los sonidos, el mismo significado, cualquier cosa que pasara por delante de mis ojos lo hacía por un motivo…

Durante unos segundos todo volvió a encajar.

Pero, a pesar de asustarme, también sentí alivio por esos segundos de calma que experimenté al pensar que todo saldría bien. Así que esa misma noche decidí que, aunque tenía que bajar marchas e ir menos a saco, iba a tratar de aprender a graduar la locura.

Si lo piensas fríamente, tratar de rescatar formas de sentir y de actuar que nos hacen sentir bien no es tan raro.

Nadie nos enseña a vivir, e intuyo que es por un motivo muy sencillo:

Nadie sabe cuál es la manera perfecta de vivir.

A lo que nos enseñan, y tampoco me atrevería a decir que siempre bien, es a relacionarnos y manejarnos en lo que vendría siendo estar vivos.

Pero nadie nos enseña cómo exprimir bien esta experiencia. Y creo que, en realidad, nadie lo hace porque nadie lo sabe. O por lo menos nadie sabe cómo hacerlo de una forma universal.

Sin embargo, la etapa del brote de 2017 fue, para bien y para mal, la más intensa de mi vida por la claridad con la que veía el mundo.

Sentía seguridad y confianza en mí mismo.

Sabía el porqué y el para qué de cualquier cosa que hiciera.

Podía ver las intenciones detrás de cualquier palabra o gesto.

Tuve más seguridad en mí mismo de la que he tenido nunca.

Me enfrentaba a cualquier situación por aterradora que pudiera parecer, aunque luego me tuviera que pasar llorando un rato.

No me importaba en absoluto la opinión de los demás o lo que pensaran acerca de mis decisiones o mis actos.

Mientras estuve loco fue la primera vez que viví preocupándome solo por mí y mis emociones, y sintiéndome seguro de mí mismo.

Déjame que te pregunte algo y dedica un rato a pensar bien la respuesta:

¿Por qué crees que no estás loco?

¿Porque no te medicas?

¿Porque no te han ingresado?

¿Porque no crees en señales o que el universo, si aprendes a escuchar, te dará pistas de qué debes hacer?

¿Porque, para ti, las casualidades simplemente son eventos sin ningún tipo de valor o intención?

Lo pregunto completamente en serio:

¿Por qué crees que no estás loco?

Te diré qué es, para mí, después de haberme vuelto loco, estar completamente loco:

Resignarte a mantener en tu vida cosas que hace tiempo que sabes que no quieres tener porque te hacen daño o que ya no significan absolutamente nada. Independientemente de si te medicas o no, de si te han ingresado o no, de si crees en las señales, o de si, para ti, las casualidades solo son casualidades o, por el contrario, pistas superclaras de que el universo te está hablando.

Más allá de todo eso, para mí, estar loco es mantener en tu vida aquello que te hace cada vez más daño sin ni siquiera plantearte diseñar una estrategia para, aunque sea muy lentamente, ir liberándote y cogiendo más distancia.

Porque te aseguro que eso es lo que está convirtiendo tu cabeza en una especie de cultivo de infelicidad que más tarde o más temprano estallará.

Quizá no estalle de un modo en el que acabes ingresado en el ala de psiquiatría de un hospital, pero estallará de un modo que te hará despertar cada mañana sintiendo que llevas un peso en el pecho que no te deja respirar.

Puede que otra de las preguntas que más veces me han hecho estos dos últimos años sea:

«Entonces, ¿ya estás bien?».

Y, aunque siempre respondo que sí, escribiendo este libro me doy cuenta de que, para responder de verdad, lo que debería hacer justo después de que alguien me pregunte si estoy bien sería preguntarle:

«¿Qué es, para ti, *estar bien*?».

Y lo pregunto porque otra de las cosas que más me han preguntado en los dos últimos años es:

«¿Cuándo sabré que ya estoy bien?».

Por eso es importante que descubras cuanto antes qué es, para ti, eso de «estar bien».

Y lo es porque el problema de recomponerse es que no es tan explosivo como romperse. Y si no tienes más o menos claro qué significa estar bien para ti, es posible que de repente ya estés bien —o, por lo menos, muchísimo mejor— y no te enteres.

Te diré qué es para mí, por si te sirve de algo.

Para mí, ahora mismo, estar bien es saber por qué tomo cada decisión.

Si tomarla será acertado o no, no me preocupa tanto como saber por qué la estoy tomando.

Quizá sea porque, si miro atrás, la mayoría de los problemas a los que me he enfrentado tenían que ver con cosas que no sabía muy bien por qué estaban en mi vida. Muy pocas veces me enfrentaba a problemas que eran clarísimamente míos, por decisiones tomadas de forma totalmente consciente.

Pocas cosas son más tristes y te desorientan más que vivir por inercia y sin pensar.

No creo que vivir sea muy diferente a organizar un viaje más o menos largo. Si te paras a pensar, cuando te planteas hacer algún viaje, lo haces porque hay un destino que te gusta, con sitios que te apetece visitar y un par de cositas que te llaman la atención. Si no sabes el idioma, te paras a comprar un diccionario, y si no quieres perderte, llevarás un mapa siempre encima.

Y si cuando llegas al sitio algo no es como tú esperabas, improvisas. Pero al menos estás en un lugar que te gusta.

Sin embargo, muy poquitas veces nos sentamos a organizar lo que vendría siendo vivir. Y por eso hace apenas unas páginas te preguntaba si te habías parado por lo menos a pensar quién querías ser. Porque, por absurdo que te pueda parecer, pensarlo te permitirá ver si ahora mismo en tu vida hay más basura de la que empezar a deshacerte o ladrillos con los que empezar a construir.

Créeme cuando te digo que, si consigues imaginar hacia dónde quieres ir, tu vida podrá ser más parecida a lo que tú quieres que sea. Y no te lo digo en plan «frase de taza» para animarte. Es puto sentido común.

Supongo que estaremos de acuerdo en que, si apenas le dedicas un segundo a imaginar cómo es la vida que te gustaría tener, será bastante más difícil conseguirla, porque ni siquiera sabrás por qué tomas ciertas decisiones.

Eso sí…

Ve preparándote para el bache que aparecerá en cuanto decidas empezar a preguntarte ciertas cosas con intención de construir quien quieres ser:

El de descubrir quién eres justo ahora.

8

¿QUIÉN SOY?

BIENVENIDOS a la puerta que nadie quiere abrir.

Aunque, para ser sinceros, saber quién eres no es difícil. Eres la suma de las cosas que has estado haciendo y decidiendo hasta ahora.

Lo difícil, en realidad, es aceptarlo.

Especialmente aceptar las cosas que ahora mismo te están arrastrando al fondo.

Asumir que tienes cosas que se han convertido en lastre, que dijiste «ven aquí» a personas que ahora desearías que estuvieran más bien lejos, que diste valor a cosas que no significaban nada y despreciaste algunas que ahora te das cuenta de que en realidad eran tesoros, que perdiste a gente que valía mucho la pena, que subiste a trenes de los que te quieres bajar y dejaste pasar otros que llevaban a lugares que quisiste conocer, que dijiste «claro» a cosas que ahora ya no te interesan nada y que apagaste algunos sueños por no escuchar ni molestar a los demás.

Eso es lo difícil.

Aceptar que, posiblemente, eres más bien la cara B de lo que soñabas ser.

Pero aceptarlo será muchísimo más importante de lo que puedas llegar a imaginar, porque, en cuanto te des cuenta, tendrás dos opciones: seguir cuesta abajo y sin frenos en dirección a no sabemos muy bien dónde o frenar en seco para echar un ojo y averiguar cuáles son las cosas que te están llevando en dirección contraria a la que realmente quieres ir.

Por eso, en cuanto descubres que algo no es como esperabas, lo menos inteligente que puedes hacer es quedarte dándole vueltas al tema como si fueras un perro intentando morder su propia cola.

De eso me di cuenta en una situación que no tenía nada que ver con la cabeza; déjame contártela, porque así también aprovecho para lanzarte algo que a veces olvidamos: hay consejos que sirven más allá del momento en que aparecen.

Vamos un momento a mi pasado.

Hace muchos años trabajé como guionista en una serie de televisión llamada *7 vidas*. La historia de cómo llegué allí daría para otro libro, pero lo que te quiero contar ahora no tiene que ver con eso, sino con algo que pasó un día en el que nos dijeron que teníamos que cambiar de arriba abajo un guion al que le habían dado el OK semanas antes.

Y además teníamos que cambiarlo en tiempo récord evitando que se retrasaran los demás.

Por poner un ejemplo que entendamos todos:

Imagina que construyes un edificio entero, tus jefes dan el visto bueno y, dos días antes de que la gente entre a vivir, te dicen que lo tires y construyas otro nuevo, porque hay un par de ventanitas que no le terminan de gustar a no sé quién.

Obviamente, todo el mundo entró en cólera.

Todo el mundo empezó conversaciones acerca de lo absurdo que era eso, de lo estúpido que era decir que algo está bien para semanas después pedir cambiarlo todo, de lo injusto que era tener que rehacer algo que todo el mundo sabía que estaba bien, de lo complicado que iba a ser que encajase con el resto de los guiones…

Básicamente pasó lo que pasa siempre que alguien te hace una putada de ese tipo: que todo el mundo empieza a generar ruido alrededor de lo que acaba de pasar.

Sin embargo, mientras todo el mundo se quejaba, me llamó la atención un tipo que no decía absolutamente nada. Simplemente miraba al resto discutir acerca de lo absurdo que era tener que volver a escribir otro capítulo. El tipo era un guionista de la serie a quien, de vez en cuando, le pedían que dirigiese algún capítulo.

De repente, mientras todos seguían discutiendo acerca de lo injusto que era lo que acababa de pasar, él levantó la voz un poco y dijo: «¡Chavales!».

Y entonces los chavales obviamente se callaron, porque cuando alguien levanta un poquitín la voz más de lo normal, tú, aunque sea por la sorpresa, pues te callas.

Y en ese momento de silencio dijo: «Podemos gastar el tiempo y la energía en maldecir lo que ha pasado, o en empezar a resolver y dejar lo de maldecir para después con dos cervezas de por medio».

No sé cuánto tiempo estuve exactamente de guionista en esa serie, pero sé que la mejor lección la aprendí ese día.

Así que recuerda lo que estoy a punto de decirte: puedes gastar el tiempo y la energía en maldecir lo que ha pasado o en empezar a resolver y dejar lo de maldecir para después, con dos cervezas de por medio.

**Quien eres ahora mismo es, simplemente,
la posibilidad de un nuevo punto de partida.**

Ahora mismo eres una especie de intermedio entre quien eras y quien, en realidad, tú quieres ser.

¿Me dejas un momento tu cabeza?

Imagina que este fuese tu día 1.

No sabemos muy bien cómo ha ocurrido, pero de repente no tienes pasado.

Acabas de aparecer como por arte de magia en el lugar en el que estás leyendo ahora y junto a ti hay un papel con una lista de cosas que son las que has ido acumulando hasta este momento, pero sin especificar cómo han llegado a ti, ni tampoco si hubo un tiempo en que tenías más de esto o menos de aquello. Simplemente has aparecido donde estás con una especie de inventario de todo lo que tienes para que decidas qué te sirve de algo y qué no necesitas para nada. En la lista hay nombres de personas, lugares a los que tienes acceso, cacharros que puedes usar porque son tuyos, cosas que puedes hacer…

¿Cuántos de esos objetos, compromisos o personas realmente necesitas y no quieres perder y cuántos, en realidad, te dan igual, e incluso, pensándolo fríamente, ni siquiera pinta que te vayan a hacer falta nunca?

Echa un ojo y piensa en esto: si no gastarías nueve pavos en una peli que no quieres ver, ¿qué mierda haces gastándote una vida en un sueño que no quieres vivir?

Quizá, gracias al hecho de que mientras estuve loco sentí que cada parpadeo lo convertía absolutamente todo en algo nuevo, no puedo evitar pensar que cada gesto, pensamiento, palabra o decisión podría llevarme en una dirección u otra, y por eso trato de prestar tantísima atención a todo.

O a lo mejor es porque cuando salí del hospital por primera vez sentí que lo había hecho todo mal, y me niego a volver a sentir eso.

No sé si alguna vez has sentido que lo has hecho todo mal.

Y no me refiero a creer que has tomado una mala decisión con el trabajo, con la amistad, con el amor, con la salud o con el dinero.

Me refiero a estar convencido —da igual si es cierto o no— de que cada paso que has dado desde que tienes uso de razón lo has hecho en dirección a la más absoluta nada.

Sin embargo, gracias a que se me pirara la cabeza y pensara ciertas cosas, ahora sé que pensar algo no siempre significa que ese algo sea cierto. Solo significa que, justo en ese instante, a mí me lo parece de verdad.

Lo primero que necesitas grabarte a fuego es esta trampa que ha aprendido a hacer tu coco:

Cuando estamos mal, siempre pensamos que la solución está en tener lo que no tenemos.

Si no tienes amigos, crees que la clave está en tener amigos.

Si los tienes, pero no tienes pareja, piensas que la clave está en tener pareja.

Si la tienes, pero no tienes dinero, piensas que la clave es el dinero.

Si tienes todo eso, pero no tienes trabajo, piensas que la clave está en tener trabajo.

Y si no tienes nada, piensas que la clave está en tenerlo todo, y si lo tienes absolutamente todo —te juro que conozco a gente así—, piensas que la clave está en no tener nada.

Las voces siempre intentan convencerte de que la clave para estar bien de verdad está en aquello que no tienes y, por tanto, no se puede remontar porque, para hacerlo, primero necesitas conseguir algo que está en la otra punta de lo que te ves capaz de hacer.

Y aunque, la mayoría de las veces, la gente insiste en que debes convertirte en tu mejor amigo y hablarte con cariño, yo, las veces en las que intuyo que la tentación de rendirme o no hacer nada está a punto de ganar, prefiero tirar de algo que aprendí durante el brote:

Convertirme en alguien totalmente distinto.

No te asustes. Intentaré explicártelo de forma simple.

Hubo varias cosas aterradoras durante el brote psicótico.

Una fue sentir que mi reflejo en el espejo era en realidad otra persona. Y fue aterrador porque lo sentí con tanta fuerza que, incluso hoy en día, hay veces que al mirarme en el espejo me pregunto si mi verdadero yo no será el del otro lado y yo simplemente su reflejo.

Y aunque, en cuanto me doy cuenta de que llevo unos segundos instalado en esa idea, reconduzco rápido y sonrío por lo absurdo del momento, no puedo evitar quedarme después dándole vueltas a por qué mi cabeza me ha hecho eso y casi siempre llego a la misma conclusión:

Lo hace porque una vez coló.

Una vez consiguió que, cada vez que me miraba en el espejo, un escalofrío recorriese mi espalda al notar que alguien o algo había logrado copiar milimétricamente mi aspecto con intención de apoderarse de mi vida en cuanto bajase la guardia. Y aunque nunca creí estar completamente poseído, sí tuve la sensación de haber estado a pocos segundos de serlo.

Otra fue creer que, en realidad, yo simplemente era una especie de personaje de videojuego controlado por otro de mis yoes desde un planeta lejano.

Es decir…

Aunque yo tenía mis propios pensamientos, cuando sucedía algo que me desconcertaba un poco, podía escucharme a mí, pero desde otro planeta, comentando que lo que había pasado lo había provocado él simplemente por echarse unas risas y animar un poco una partida que estaba siendo un poquitín más aburrida.

Y aunque eso no he vuelto a sentirlo, la sensación de haber sido el personaje de un videojuego controlado por mí mismo tampoco se ha borrado por completo de mi mente.

«¿Pero por qué me cuentas esto, Ángel?».

Pues porque, aunque parecen dos experiencias que no tienen nada que ver, tienen una idea principal en común:

Las voces intentaban convencerme de que el control sobre mí lo quería llevar —o ya lo llevaba— otra persona.

Así que, si mi cerebro se esforzó tanto por hacerme sentir que el control sobre mí podía ser responsabilidad de otro…, ¿por qué narices no darle el control a él cuando yo no tenga fuerzas?

«¿A quién?».

Pues en principio tú puedes llamarle como quieras, pero yo le llamo «el señor Sé Listo».

9

EL SEÑOR SÉ LISTO

TARDÉ MUCHO TIEMPO en darme cuenta de esto que te voy a decir ahora:

Resignarse a estar mal es muchísimo más sencillo que luchar a muerte por estar bien.

Sentir que el mundo se nos ha venido encima es una emoción que, en menos de un segundo, borra del mapa cualquier pequeña esperanza que tuviéramos. Nos deja como cuando en una película de guerra cae una bomba y cambia el sonido por un pitido agudo, con el resto de las explosiones y los gritos sonando muy de fondo, para que te quede claro que el prota se quedará un buen rato en *shock*.

Y esa sensación de que te roben de golpe la última esperanza duele tanto que todo tu cuerpo recibe la señal de «se acabó» y es imposible ver una sola grieta por donde pueda entrar nunca más algo de luz.

Es como recibir la noticia de la muerte de alguien, pero en este caso es la muerte de una situación.

Y la muerte de una situación suele significar tener que asumir de golpe tantos cambios que te sientes como si hubieran arrasado con absolutamente todo tu mundo.

No creo que haya una sola emoción capaz de inundar el alma de forma más rápida.

Y si alguna vez has sentido eso de que te arranquen de golpe la última esperanza, sabrás que genera tanto dolor que no quieres volver a sentirlo nunca más. Se instala en ti el miedo a confiar y bajar la guardia por si de repente pasa algo que te vuelve a dar la hostia.

Mantenerte sintiendo que estás bien es jodidamente complicado. Es como si alguien, nada más nacer, te pusiera un montón de chubasqueros para asegurarse de que la sensación de estar bien no pueda calarte hasta los huesos fácilmente. Y seguramente sea porque para estar bien tendrás que hacer algún tipo de esfuerzo o sacrificio prácticamente todo el rato.

Una de las mayores revelaciones que recuerdo tras salir del hospital es que, después de un tiempo completamente noqueado por lo que acababa de pasar, hubo un día que me di cuenta de que, si quería estar bien de nuevo, tendría que utilizar cada segundo, movimiento, pensamiento, latido, palabra y respiro en esforzarme. No podía permitirme el lujo de bajar la guardia ni un segundo.

De lo que tardé un poco más en darme cuenta fue de que eso de tener que utilizar cada segundo, movimiento, pensamiento, latido, palabra y respiro en dar pasitos para arriba era algo que también tendría que hacer después durante el resto de mi vida para mantenerme.

Y lamento ser yo quien te diga lo siguiente, pero nada ni nadie podrá hacer que estés bien si tú no lo pones absolutamente todo de tu parte.

Digamos que vivir implica tener que instalar en tu ADN una torre de control donde haya gente trabajando 24/7.

Últimamente se habla mucho de la necesidad de concienciar a los demás sobre la importancia de la salud mental, pero lo que de verdad es urgente es que lo entiendas tú.

De hecho, cuidar la salud mental de los demás no es muy difícil:

Basta con no ser un capullo que dedica todo el tiempo a exigir a los demás que sean como a él le viene bien.

Pero ahora insisto en la importancia de que lo entiendas tú también, porque a veces me preocupa que el mensaje de que es vital cuidar la salud mental de los demás se esté malinterpretando y que, en lugar de entenderlo como «intenta echar un cable a las cabezas de los otros», se convierta en una especie de tirar balones fuera que permita a las cabezas que ya están algo jodidas decir:

«Hasta que los demás no me demuestren que están listos *pa* ayudarme, paso de ponerme yo conmigo».

Así que, por si acaso, déjame decirte algo que deberías memorizar:

Que los demás entiendan tu problema no es tan importante como que lo entiendas tú.

Que los demás se preocupen por tu coco no es tan importante como que te preocupes tú.

Que los demás te ayuden no es tan importante como que te ayudes tú.

Obviamente, que los demás pongan de su parte será una inyección de ayuda extra muy potente, pero, aunque ahora mismo tuvieras a todo el universo volcado en ayudarte, quien tendrá que coger aire y poner los dos pies en el suelo serás tú.

Repito:

Nada ni nadie podrá hacer que estés bien si tú no lo pones absolutamente todo de tu parte.

Y no sé tú, pero como yo sé que no siempre tengo fuerzas para todo y el comodín del «pues me rindo» es extremadamente tentador y sencillísimo de usar, opté por crear al señor Sé Listo, para que los días que nada más abrir los ojos notara que, si por mí fuera, me quedaba dentro de la cama eternamente, se encargara de arrancar.

Pero antes de explicarte quién cojones es exactamente el señor Sé Listo, déjame hacer un paréntesis.

> Recuerdo la sensación de no querer salir de la cama. De vez en cuando todavía la siento.
>
> Y aunque sé que salir de la cama simplemente consiste en apartar la sábana y poner los dos pies en el suelo, me siento como si alguien hubiese cortado en mi cerebro el cable que hay entre los departamentos «saber perfectamente lo que tengo que hacer» y «poder hacerlo».
>
> Es como cuando, por culpa de alguna postura extraña, se te queda dormido el brazo y durante unos segundos sientes que no lo tienes. Tú sabes que está ahí y para qué sirve, pero el cable que hay entre saber que tienes brazo y poder usarlo como a ti te dé la gana no funciona.

> Pues creo que la depresión es un poco como eso.
>
> El cable que hay entre «saber lo que hay que hacer» y «hacerlo» falla.
>
> Con el peligro de que, si no priorizas lo de reparar el cable cuanto antes, más tarde o más temprano empezarán a fallar también los demás cables y llegará un día en que ni siquiera sabrás lo que hay que hacer.

Sentir que no tienes fuerzas para nada es un virus que, si no lo frenas pronto, lo acaba intoxicando todo. Y llegará un día en el que te verás llorando porque se te ha roto un vaso mientras lo fregabas.

Y si no le has dicho a nadie que estás mal, la cosa empeorará, porque la gente pensará que estás llorando por la tontería del vaso y se pondrá nerviosa intentando que no le des tanta importancia al puto vaso, cuando los dos sabemos que a ti el vaso te la pela y en realidad estás llorando porque ya no puedes más.

Y si, por lo que sea, tú eres la persona que se encuentra con alguien que está llorando a mares porque se le ha roto un vaso, ten paciencia, porque a menos que tenga cuatro añitos y el vaso que se haya roto sea su favorito, ningún adulto llora porque se le rompa un vaso. Como mucho, le puede dar vergüenza o rabia porque ese vaso tuviera algún significado, pero te aseguro que ese vaso simplemente ha reactivado alguna mierda que hay al fondo. Así que no pierdas tiempo intentando convencerle de que no pasa nada y empieza a prestar mucha atención, porque detrás de esa movida hay algo más.

«¿Y si cuando le pregunto me dice que no hay nada y me insiste en que está llorando por el vaso?».

Pues entonces tú no des más la paliza, pero recuerda que miente.

«¿Y por qué miente?».

Porque, como ya te conté antes, a veces mentir es la única posibilidad de que te dejen en paz cuando necesitas paz.

JUGAR A SER OTRO

Pero estábamos hablando de no tener fuerzas ni para salir de la cama, porque el cable entre «saber lo que hay que hacer para salir» y «hacerlo» falla.

Sin embargo, salir de la cama mientras tu cabeza está desconectada de la realidad es fácil.

Muy fácil.

Sales porque sabes que pasarán mil cosas.

Pero no es verdad.

Durante la locura no pasan mil cosas. Solo crees que están pasando.

De hecho, si pudieras verte desde fuera, te darías cuenta de que que las cosas que te pasan son las mismas que te pasan cada día.

No hay ninguna diferencia.

Lo distinto es tu forma de interpretar lo que sucede.

Así que déjame decirte algo.

Lo de no querer moverte de la cama o del sofá en realidad no tiene nada que ver con no tener fuerzas. Tiene que ver con la forma de interpretar lo que pasará si sales. Y como la forma de interpretar lo que pasará si sales es terrible, crees que quedarte completamente quieto en ese sitio lo mantendrá todo en *stand by*, sin empeorar.

Básicamente, es como los niños pequeños que, jugando al escondite, cuando ven que quien tiene que pillar está acabando de contar, si no han encontrado un sitio que les parezca lo bastante bueno *pa* esconderse, se sientan en el primer rincón que encuentran y se tapan los ojos muy muy fuerte mientras piensan: «Si yo no le veo, él no me ve».

Así que nos quedamos quietos en la cama pensando: «Si aquí no hay ruido, aquí me quedo».

Cuando estás justo en el fondo, vives con la sensación de

que cualquier cosa puede convertirse en otro bache que serás incapaz de superar.

Así que las voces intentan básicamente aprovechar los momentos de mayor fragilidad para convencerte de que, si te quedas quieto en ese sitio donde ahora mismo sientes que por lo menos no hay tanto ruido, todo estará bien.

Pero es mentira.

Cuanto más rato te quedes quieto en esa cama, más ruido tendrás. Porque, al no estar ocupado con absolutamente nada, tu cabeza se pondrá a jugar a una cosita llamada: «Subir el volumen del *no valgo para nada*».

Y no me negarás que escuchar una voz diciendo que no vales para nada mientras no estás haciendo nada ganará bastante fuerza y te la acabarás creyendo.

Es fácil quedarse tumbado pensando que darle mil vueltas hará que de pronto llegue una respuesta que conseguirá que saltes de la cama y te pongas las pilas ya para siempre. Pero eso jamás pasará.

Porque, aunque por supuesto es cierto que las respuestas aparecen si consigues hacer las preguntas correctas, buscarlas quieto, dentro de la cama, mientras el 99 % de tu coco te repite sin parar que no vales para nada, no funcionará.

Creo que sé por qué nos cuesta levantarnos.

O, al menos, sé por qué me costaba tanto a mí.

Me costaba porque nada me aseguraba que lo de levantarme y hacer cosas fuese a mejorar algo.

Lo más difícil de hacer algún esfuerzo es que, como la recompensa casi nunca es inmediata, no sabes si las cosas saldrán como tú esperabas. Y sospecho que eso hace que el cerebro, si estás en un momento algo más flojo, sea capaz de convencerte de «si no tenemos claro que esto que me cuentas vaya a salir como esperamos, ¿para qué hacerlo?».

Y así es como tu coco te convence de que lo más inteligente es quedarte quieto, diciéndote que tú no tienes fuerzas cuando, en realidad, los que te impiden levantarte son única y exclusivamente la incertidumbre y el agobio de que todo se complique un poco más.

Pero nada se complica porque salgas de la cama.

Nada.

A menos que al salir el meñique del pie izquierdo choque con la pata del somier, pero incluso si eso pasa, salir de la cama es mejor que no hacerlo.

Te lo dice alguien que ha probado las dos cosas durante bastante tiempo y ahora puede comparar.

Pero como, incluso sabiendo que es infinitamente mejor, muchas veces lo de tener que esforzarse en hacer algo puede parecernos todo un mundo, decidí reinstalar algo que también aprendí de la locura y que es justo lo que te mencioné antes de empezar este capítulo:

Convencerme de que el control sobre mí lo lleva otra persona.

En este caso, el señor Sé Listo.

Digamos que este tipo es la cara B del señor Gris.

Sin embargo, el señor Sé Listo es una especie de mi yo del futuro que no está *pa* tonterías y, por qué no reconocerlo, el tipo que me gustaría realmente ser.

Durante el brote tuve muchas conversaciones con mi yo del futuro. Podía pasar horas charlando sobre cualquier cosa con él, pero lo que más me fascinaba era la facilidad que tenía para tranquilizarme y asegurar que las cosas, en el futuro desde el que estaba hablando él, estaban bien.

Quizá mi yo del futuro en realidad era el único trozo de cordura que quedaba en mi cerebro, pero que, en lugar de pelear por intentar hacerme ver que nos habíamos vuelto locos los dos, se dio cuenta de que estaba en una guerra ya perdida y optó por rendirse, quedarse en un rincón intentando no ser visto por el caos y echarme un cable utilizando la esperanza y tratando de reconducir algunos sueños hacia un lugar donde «todo estará bien».

No tengo ni idea.

En cualquier caso, quizá gracias a haber sentido que ese tipo era real y podía charlar con él, junto con el hecho de sentir que yo solo era el personaje de un videojuego controlado por mí mismo, en cuanto noto que no voy a encontrar fuerzas, activo el programa que dejó instalado en mi cerebro la locura y me convierto en el muñeco del señor Sé Listo, para que, por lo menos, vayamos los dos en una dirección más inteligente que la nada.

Y como lo más difícil del mundo es hacer cosas cuando no tienes ganas de hacerlas, creo que la única opción de conseguirlo, por infantil que pueda parecerte, es convertir la desgana en un juego al que tienes que jugar quieras o no, y solo puedes escoger entre dos personajes a los que entregarles el control: el señor Gris y el señor Sé Listo. El primero básicamente se encargará de dejarte preparado en tu futuro un marrón más grande del que ahora mismo podrías llegar a imaginar.

Y créeme que lo hará. De hecho, tienes la prueba en tus morros. Cualquier problema que tengas ahora mismo, a menos que justo acabes de cortarte con una página de este libro, te aseguro que viene de haber dejado algunas decisiones del pasado en manos de ese tipo.

Por eso, si ahora mismo estás sin ganas de absolutamente nada, te recomiendo seriamente que pongas a los mandos al señor Sé Listo.

10

¿POR QUÉ NO RENDIRME?

LA VOZ DEL SEÑOR SÉ LISTO en realidad apareció cuando Eva —mi pareja mientras sucedió el brote y quien me cuidó después de una forma para la que jamás encontraré palabras suficientes de agradecimiento— y yo decidimos poner fin a nuestra relación.

Cero dramas. Seguimos queriéndonos e incluso puede que bastante más que antes. Simplemente nos dimos cuenta de que como pareja acabaríamos siendo más infelices que felices, y decidimos no cometer los mismos errores que habíamos cometido en anteriores relaciones, estirando el tema hasta que la cosa se convierta en dos personas que un día se quisieron, pero ahora no se pueden ni cruzar por el pasillo sin hablarse con desprecio mientras sienten cómo por las venas, en lugar de amor, les circula rabia, odio y rencor.

Y, aunque ha sido mi separación más dura, porque lo decidimos antes de que llegaran todos esos sentimientos que consiguen que el amor quede en el fondo de un armario tapado por mochilas viejas, al usar el pasado como archivo para evitar repetir ciertas cagadas, esta vez aprendí que, en una relación, lo inteligente —al menos para mí— es poner fin en cuanto descubráis que las cosas no serán como esperabais, aunque todavía os queráis.

Porque si todavía os queréis, a pesar de que te adelanto que es doloroso y triste de cojones, os seguiréis cuidando y preocupando el uno por el otro tanto o más que cuando estabais juntos, porque habréis conseguido mantener a salvo el amor y el respeto que os podáis tener.

Siempre y cuando no cometáis los errores que cometen los novatos, en plan follar cuando os veáis, largaros de viaje a los diez días de haber decidido no estar juntos, quedar para daros masajitos porque «total, qué va a pasar»... Las cuatro mierdas básicas sobre qué no hacer con tu expareja en cuanto rompes, vamos.

Pero como este libro no va sobre «cómo dejarlo con tu pareja de una forma inteligente», sigo con lo que te quería contar, porque este salseo ha sido solo porque quería que supieras la verdad acerca de cuándo apareció el señor Sé Listo.

Dejarlo con Eva puso en primera línea de fuego de mi cabeza todos los peligros de volver a estar solo.

Y, aunque al principio del libro te he dicho que esto no iba de darte una lista de consejos, es cierto que hay una serie de cosas que, por muy superficiales que te puedan parecer, es bastante más inteligente hacerlas que no hacerlas, por mucha pereza que te puedan dar.

Son cosas que pueden sonar extremadamente básicas para muchos, pero que para otros requieren cierta disciplina: desde la higiene personal o la alimentación, hasta hacer algo que obligue a tu cuerpo a moverse, pasando por mantener tus espacios ordenados.

Porque cuando una columna que es importante para ti —a veces es una pareja; otras, un trabajo, amigos, familiares, proyectos, salud...— se derrumba o se transforma, corres el riesgo de que el señor Gris aparezca con el pecho bien hinchado para bombardearte con basura y argumentos suficientes para que acabes viniéndote abajo acerca de lo estúpido que es esforzarse si al final las cosas en cualquier momento vuelven a torcerse, y por culpa de creerle acabes entrando de nuevo en el barrio del «¿tanto esfuerzo para esto? A la mierda todo. A partir de ahora haré lo que me dé la gana y a tomar por culo. Si no me apetece hacer algo de la lista esa de básicos, pues no lo hago, y si me quiero venir abajo, pues me vengo. *Fuck life!*».

Y, obviamente, el primer día sin Eva escuché a ese tipo llamando con fuerza a las puertas de mi coco y al mirar por la mirilla pude ver sus intenciones. Fue como si viniera con un catálogo lleno de argumentos acerca del poco sentido que tenía seguir esforzándome, porque «total, qué más da».

Cuesta no ceder.

Cuesta mucho no caer en la trampa de empezar a hacer un poquitín peor algunas cosas. Cuesta no abandonar ciertas rutinas que, aunque fuesen muy inteligentes, solías hacerlas sobre todo por el otro. Cuesta seguir preocupándote por ti cuando sabes que nadie está mirando. Y cuesta mucho rellenar con algo inteligente y productivo todo el tiempo que pasabas con el otro y que de repente se ha convertido en un espacio vacío de silencio y soledad.

Así que la primera mañana solo después de varios años, noté cómo en mi cabeza aparecía esa voz que no hace más que intentar que desde el primer segundo tengas la sensación de que lo más inteligente es dejar de perder tiempo tratando de esforzarte y estar bien porque «total, qué más da».

Pero, de la misma forma que apareció en mi cabeza la frase que hizo que me sentara a escribir este libro, *detrás del ruido* que estaba haciendo el señor Gris, y mientras le veía por la mirilla enseñándome sus cartelitos de «*Fuck life!*», escuché dos palabras: «Sé listo».

Así de simple:

«Sé listo».

Cambiar con la intención de estar bien es difícil.

Mucho.

Es como empujar un coche cuesta arriba tú solo.

Por eso, la tentación de rendirte y que le den por culo al coche en cuanto te pase algo que te rompa los esquemas es muy pero que muy grande. Porque tienes la sensación de que todo el esfuerzo que estás haciendo, en lugar de convertirse en una recompensa, se acaba transformando en un castigo.

Pero no es verdad.

Lo que sucede es que la recompensa, en realidad, está en el hecho de que, pase lo que pase, tú no dejes de empujar.

A veces creo que olvidamos que la vida no es una peli a la que puedes echar un vistazo a la sinopsis para ver cómo termina.

Toca vivirla, y además sin descartar la posibilidad de que esté dirigida por el pavo de *El sexto sentido*, y eso hará que haya momentos que no entiendas muy bien.

Pero lo que sí puedes hacer es vivirla no volviendo a caer ni repitiendo todo aquello que ya has descubierto por ti mismo que no es nada inteligente y que además le mete peso al coche o inclina todavía más esa cuesta.

Desde que apareció en mi cabeza ese «sé listo», cuando llega un pensamiento que claramente tiene la intención de llevarme en una dirección que me hará dar pasos atrás, con el riesgo de tirar por tierra todo lo que llevo adelantado, te juro que pienso: «Sé listo».

Y en ese momento me viene a la cabeza toda la gente que se volcó en mí cuando las cosas se torcieron y convirtieron en una prioridad animarme, aconsejarme y ayudarme, y sigo empujando con la esperanza de que pronto llegue por lo menos una recta.

Así que mi consejo es que la próxima vez que estés a punto de tirar la toalla, de renunciar a algo que quieres porque la cosa se complica, dejar para más tarde algo que sabes que es mejor hacer ahora o no hacer una cosa que sabes que te iría muy bien hacer, te coloques *detrás del ruido* y prestes atención, porque te aseguro que escucharás a una parte de ti que no piensa parar de empujar el puto coche pase lo que pase, susurrándote: «Sé listo».

Pruébalo al menos una vez.

Y si no tienes la opción de tirar la toalla, porque lleva una temporada ya en el suelo o porque estás justo en el punto en el que acaba de pasarte algo que te ha desestabilizado por completo y no sabes por dónde empezar a subir un escalón que te permita remontar, te diré por dónde empezaría yo si volviera a pasar lo que pasó:

Sé listo y normaliza cuanto antes lo que sea que haya pasado.

11

NORMALIZA

LA PRIMERA PERSONA que tiene que normalizar lo que ha pasado eres tú.

Hacerlo da vértigo por muchos motivos. Uno de ellos es porque no sabes cómo van a reaccionar los otros y da miedo. Pero la reacción de los demás no puede convertirse en un lastre extra para ti.

Y te aseguro que, por lo que yo sé, tener un secreto que pudiera estar en el saco de «haber sido ingresado en un psiquiátrico», aunque no lo creas, te está haciendo cargar con muchísimo más peso del que imaginas.

Lo sé porque yo creí que era un secreto que no pesaba mucho, hasta que un día me di cuenta de que realmente lo había sido. Y no solo para mí, sino también para los que sabían que había pasado.

Lo que te voy a contar pasó días después de mencionar en redes que hacía unos años me habían ingresado en un psiquiátrico por sufrir un brote psicótico y que en un par de meses saldría un libro explicando la experiencia.

Estaba en los camerinos de un teatro, a punto de actuar, charlando con alguien que sí sabía lo que me había pasado porque lo vivió de cerca. No recuerdo de qué hablábamos exactamente, pero la conversación nos llevó a recordar los días previos a que me ingresaran e hicimos lo mismo que habíamos estado haciendo durante casi cuatro años: bajar la voz al mencionar aquella etapa para que el hecho de haber sufrido un brote psicótico fuese algo privado que no supiera nadie.

De repente, me di cuenta de que estábamos hablando en voz bajita, y en ese momento interrumpí la conversación para decir: «¿Por qué cojones estamos bajando la voz, si ya sabe todo el mundo que se me piró la pinza?».

Te juro que muy poquitas veces he sentido tanto alivio.

Fue como si, al darnos cuenta de que ya no hacía falta seguir teniendo cuidado con el tema, alguien nos regalase un bono canjeable por bombonas de oxígeno infinitas.

Lo que intento explicarte con esto es que…

Los secretos pesan mucho más de lo que crees.

Creemos que no pesan porque simplemente los incorporamos en nuestro día a día, pero los secretos te desgastan. Consumen una cantidad de energía que ni siquiera imaginamos.

De hecho, a veces incluso puedes notarlos circulando por tu sangre.

¿Nunca has estado en una conversación en la que alguien ha mencionado algo relacionado con un tema del que tú sabes más, pero como no puedes, no quieres o no debes decir nada, empiezas a notar una guerra interna entre la información que quiere salir y la obligación o el compromiso de que no se note que tú sabes algo que otros no?

Pues imagina vivir con esa sensación cada segundo del día porque prefieres no contar la verdad acerca de por qué llegaste tarde, por qué olvidaste tal, por qué no hiciste cual…, por qué no tienes ganas, por qué no te viniste o por qué no lo dijiste.

Llega un momento en que ciertos secretos consiguen convertirse en una especie de segunda piel y, quizá también por eso, te sientes muchísimo mejor cuanto más aislado estás. Porque lo bueno que tiene estar a solas es que a ti no tienes que ocultarte tus secretos.

Y lo peor es que, aunque quisieras hacerlo, no podrías.

SECRETOS

Es curioso que mis dos secretos más grandes hayan sido, primero, mantener oculto que yo había descifrado el universo y los demás estaban locos por no verlo y, segundo, que había sido ingresado por estar yo más loco que nadie...

Durante el brote, una de las voces me explicó que debía mantener en secreto todo lo que había descubierto acerca de que el universo daba pistas exactas de qué hacer para que las cosas salieran como quieres, porque era algo que cada uno tenía que descubrir a su propio ritmo.

De repente, yo era el responsable de mantener en secreto el descubrimiento más fascinante del mundo.

Así que, en aquella etapa, para mí, las conversaciones tenían dos niveles: el terrenal y el mental.

Y los dos sucedían al mismo tiempo.

Recuerdo un día en el que discutí de manera muy fuerte con Eva y, aunque no recuerdo cuál era el motivo por el que estábamos gritándonos, yo por dentro estaba muy tranquilo, porque, a pesar de estar montando el gran escándalo en la parte terrenal, mentalmente estaba teniendo una conversación telepática con ella en la que los dos teníamos claro que esa discusión estaba existiendo porque ella había sido poseída por otra persona y la forma de expulsarla de su cuerpo era ponerla de los nervios.

Desgraciadamente, lo de la conversación telepática y que el motivo de la discusión en realidad era una especie de hechizo solo lo sabía yo, y eso significa que la ansiedad que pudiera provocar aquella discusión solo la tuvo Eva, porque yo, en realidad, no sentía absolutamente nada, ya que más que una discusión era una especie de ritual para expulsar a un demonio.

Lo duro es intuir que, en esa discusión, seguro que dije cosas que fueron muy muy dolorosas de escuchar. Cosas del tipo: «Eres insoportable», «Mejor vete de aquí», «Yo a ti no te quiero»...

También tuve otra de esas con mis padres, y creo que también le cayó algún mensaje de expulsión demoniaca a algún amigo, así que durante unas semanas creo que, aunque yo estaba expulsando demonios que intentaban poseer a los demás, como el resto no tenía ni puta idea, no dejé sin insultar a nadie de mi entorno.

Durante un brote psicótico es importante recordar que, muy probablemente, nada de lo que puedas escuchar decir o ver hacer a quien lo sufre será lo que parece.

Es muy probable que para quien está sufriendo el brote todo tenga una intención totalmente distinta de lo que vendría siendo *lo normal*.

La putada es que quien no está sufriendo el brote tiene que ver y escuchar a una persona, a la que seguramente quiere, decir cosas muy salvajes, y no sé si existe la posibilidad de poner a tu cerebro un impermeable lo suficientemente gordo para que no cale ni una sola de esas frases.

Por eso, cuando alguien me pregunta cómo creo yo que se podría echar una mano a quien está sufriendo un brote, no puedo evitar pensar que lo más inteligente sería, pase lo que pase, ponerse un chubasquero para que cualquier cosa que se diga te resbale y centrarte más en escuchar que en hablar, para tratar de descubrir cuál es la peli que hay montada en su cabeza.

Porque, con un poco de suerte, si consigues descifrar el significado o la intención que hay detrás del discurso de quien está sufriendo el brote, conseguir comunicarte de una forma que le puedas ayudar será más fácil.

Básicamente porque, si tratas de ayudar a alguien para quien el color rojo significa «no te fíes» vestido con una camiseta roja..., pues se te complicará lo de intentar echar un cable.

También me preguntan qué hacer con alguien que no quiere ir al hospital cuando le piden que vaya.

Y sospecho que me lo preguntan porque, en mi caso, yo acepté ir en cuanto me lo pidieron, pero —y esto es importante— yo lo hice por dos motivos: primero, porque la persona que me lo pidió olía a café y, por aquel entonces, mi cerebro había decidido que el olor a café estaba relacionado con cosas de las que me podía fiar. Y segundo, porque en ningún momento sospeché que la propuesta de ir al hospital fuese para que me revisaran a mí.

El azar quiso que la pregunta que me hizo quien entró en mi habitación el día que estalló todo fuese: «¿Me acompañas al hospital?».

Y yo lo interpreté como que quería que le acompañara por una cosa suya. Si la pregunta hubiese sido: «¿Vamos al hospital a que miren qué te pasa?», estoy completamente convencido de que no hubiese ido, porque, desde el lugar en el que estaba, a mí no me pasaba nada y probablemente lo que hubiese interpretado es que quien había poseído el cuerpo de mi amigo había descubierto que el olor a café era algo que yo interpretaba como bueno y estaba tendiéndome una trampa para borrar de mi cabeza todo lo que yo había descubierto.

Por eso, a menos que claramente haya peligro inminente, no creo que actuar de forma impulsiva con quien pueda estar en pleno brote sea lo más inteligente. Porque las posibilidades de que tus acciones se interpreten de manera equivocada son muy altas.

Y, sobre todo, no confundas un brote con un «no se comporta como yo creo que debería». Lo aclaro porque una vez alguien me dijo que sospechaba que su pareja estaba a puntito de sufrir un brote porque estaba empezando a hacer/decir cosas muy raras y, mientras me lo contaba, daba más la sensación de ser una persona interesada en probar nuevas experiencias que alguien a quien se le ha pirado el tarro.

Así que intenta recordar que el hecho de que haya personas que de pronto cambien ciertas cosas y no encajen con lo que tú esperabas de ellas no significa que se estén volviendo locas.

Y mi segundo secreto fue el haber pasado dos semanas ingresado porque en realidad no había descifrado el universo, sino que mi cabeza había hecho crec.

Aunque esta vez se convirtió en un secreto de forma distinta. Esta vez no hubo una voz diciendo que lo que nos había pasado tenía que ser secreto, sino que se convirtió en secreto al darme cuenta de que para los poquísimos que lo sabían era un secreto.

Para ser totalmente sincero, yo no salí del hospital preocupado por cuánta gente se habría enterado de lo que me había pasado.

No creo que nadie salga del hospital teniendo como principal preocupación cuánta gente sabrá lo que ha pasado.

Si alguna vez has estado ingresado, no sé si recuerdas cuáles eran tus preocupaciones, pero mis ganas de salir eran tan grandes que no había espacio para pensar en otra cosa. Ni espacio, ni ganas, ni fuerzas. Solo pensaba en salir.

Uno de los momentos más complicados de gestionar un ingreso porque la cabeza se te ha ido es cuando, lentamente, la cabeza va volviendo, la locura ya no está, pero tú sigues ingresado.

Y es difícil de gestionar porque sospecho que, a diferencia de cualquier otro problema en el que los médicos pueden hacer radiografías para ver cómo está el hueso o hacer análisis de sangre para ver si se ha estabilizado ya tal o cual cosa, aquí lo único que tienen es la esperanza de que no estés siendo capaz de camuflarle a todo el mundo que, en realidad, una parte de ti sigue un poquito por allí.

Pero como el único que sabe de verdad si las voces aún están o ya no están eres tú, que no te crean cuando dices que estás bien te desespera.

Así que tu cabeza se empieza a poner nerviosa: te ingresaron porque nadie te creyó al decir que la Tierra era una nave, y ahora no te dan el alta porque nadie te cree al decir «ya no lo es».

Hasta que un día te das cuenta de que la única opción que tienes de que vean que ya estás bien es hacer lo que te digan cuando te lo digan, bien y a la primera, con la esperanza de que, al obedecerles rápido, alguien firme el papelito donde pone: «Vete a casa».

Pero mientras alguien se da cuenta, se irá colando en tu cabeza un ruido nuevo que básicamente crecerá con intención de convencerte de que, digas lo que digas, ya nadie nunca te creerá.

Por eso, no creo que nadie salga del hospital preocupado por cuánta gente se habrá enterado o no. Porque, en realidad, cuánta gente sepa o no lo que ha pasado es el menor de los problemas que tendrás después de pasar por algo así.

Sin embargo, quienes han estado fuera vivirán toda tu historia de otra forma. Y eso significa que, si una de sus preocupaciones es la de intentar que no se entere nadie, cuando salgas, irás teniendo pistas de que han estado trabajando en que no se entere nadie, y como tú no tendrás fuerzas para pensar por qué lo han hecho, simplemente aceptarás que una de las reglas básicas es que no se entere nadie, y lo convertirás, aunque de forma involuntaria, en un secreto.

Deduje que era mejor mantener en secreto lo que me había pasado cuando, durante la cena de Nochebuena y la comida de Navidad del año que había sido ingresado, nadie de mi familia me preguntó qué tal estaba.

Nadie mencionó absolutamente nada. Y todos sabemos que una movida de ese tipo tiene todos los números para convertirse en el tema estrella de una Navidad. Así que yo interpreté que, si quienes sabían qué había pasado no habían informado al resto, sería porque lo que había pasado era mejor no mencionarlo y convertirlo en un secreto.

Si no mencionarlo fue buena o mala idea ahora no importa. Esa es otra historia y sospecho que cada persona tendrá su opinión y, seguramente, desde su punto de vista, sea correcta.

Lo único que intento explicarte es que lo que pasó se convirtió en un secreto simplemente porque deduje que otros lo habían convertido en un secreto.

Si alguien me preguntara alguna vez de qué creo yo que están hechos los secretos, mi respuesta sería que, excepto aquellos que provocan las voces cuando te secuestran la cabeza…

Los secretos son el resultado de combinar miedo y vergüenza. Vergüenza a que te juzguen y miedo a que te aparten.

La gran putada es que la única forma de saber si te juzgarán o te apartarán de la forma que tú crees, o en realidad te estás montando un drama digno de Almodóvar sobre lo que pasará cuando se enteren, es sacando a la luz ese secreto.

Pero te adelanto que cuando lo saques a la luz pasarán dos cosas: unos te juzgarán y apartarán, tal y como sospechabas, y otros no.

Así que tendrás que estar jodidamente fuerte para que quienes te juzguen y te aparten no sean quienes ganen la batalla y consigan que tu sensación por haber contado algo sea la de vergüenza y arrepentimiento.

El efecto secundario de pasar por algo así es que sacará a la luz quiénes son las personas que te quieren de verdad.

Y aunque dicho así suena a regalo, como ya sabemos que nuestra cabecita prefiere centrarse casi siempre en lo que pueda hacerte daño, el hecho de pasar por algo que demuestre quién te quiere de verdad también pondrá en tus morros, y de forma inevitable, la prueba de quién no te quiere de verdad.

E incluso prepárate para que haya gente que, en cuanto empieces a estar bien, ponga en duda si realmente estuviste o no tan mal.

NO BUSQUES EXCUSAS

Muchas veces me encuentro con gente que, al escuchar cómo se está encontrando otro, dice: «Yo he pasado por lo mismo, y eso no es así».

Y cada vez que dicen eso no puedo evitar pensar: «¿Por qué crees que lo que tú has sentido es lo correcto y lo que está sintiendo el otro no lo es?».

El día que entendamos que la misma experiencia puede producir emociones totalmente distintas empezaremos a avanzar.

Nada afecta y duele a todo el mundo de la misma manera. Y, si no me crees, recuerda que en tu familia seguro que hay alguien capaz de girar las croquetas que están dentro de una sartén llena de aceite hirviendo con los dedos.

Cada uno de nosotros somos un mundo distinto y las mismas cosas pueden afectarnos de forma diferente.

¿Nunca te han dicho o has dicho a alguien que está a punto de hacer algo «eso no va a funcionar», y ha funcionado?

¿Te imaginas que no lo hubiese hecho simplemente porque alguien le dijo «eso no va a funcionar»?

No sé por qué nos cuesta tanto entender que no todo el mundo siente la misma experiencia de la misma manera.

A veces creo que es porque nos da rabia ver que algunos, con las mismas herramientas, consiguen aquello que a nosotros nos parece imposible. Y como lo han conseguido, necesitamos pensar que ha sido por algún tipo de ventaja que no tenemos nosotros, y no dejamos de buscar y rebuscar hasta que encontramos algo que nos sirva de argumento.

Es decir…

Lo que comentábamos unos capítulos atrás:

«Tiene dinero y yo no».

«Tiene trabajo y yo no».

«Tiene pareja y yo no».

Pero, si realmente remontar dependiese de qué cosas tienes o no tienes, todos los que tienen ciertas cosas remontarían siempre, y los que no las tienen, nunca.

Sin embargo, no funciona así. Lo único que tienen en común las personas que consiguen remontar es que hubo un día en que se tomaron lo de remontar como un asunto a vida o muerte, y empezaron a tomar ciertas decisiones que, por duras que puedan resultar, hay que tomar.

Y precisamente porque sé cómo de duras pueden ser ciertas decisiones estoy escribiendo esto. Para intentar que aproveches cualquier cosa que descubras y no vuelvas a tener caídas grandes nunca más.

Porque, aunque remontes, tu vida va a seguir estando en marcha, te tocará seguir tomando decisiones y es muy pero que muy posible que muchas veces vuelvas a tener ganas de ceder y no esforzarte.

«¿Y cómo lo haces tú, Ángel?».

Pues unas veces esforzándome y otras cediendo.

Porque, aunque me atrevería a escribir que he conseguido que más del 90% de las veces que estoy a punto de rendirme aparezca nuestro amigo Sé Listo, todavía queda un 10% en que no le escucho con la suficiente fuerza y opto por no perder más tiempo y ceder.

Eso sí…, tanto si me esfuerzo como si cedo, no termino el día sin hacer balance de lo que seguramente habría pasado de haber hecho lo contrario.

12

CÓMO ESTAR BIEN

ESCRIBIR DE CIERTAS COSAS es difícil porque creo que muchos esperamos encontrar una respuesta que nos diga que, si hacemos algo tipo sacudir tres veces la cabeza, comer lechuga cuatro veces por semana, tomar tal o cual pastilla cuando toque, dar tres saltos nada más abrir los ojos y aprender a hacer el pino, de repente notaremos que tenemos un montón de fuerza y ganas, y todo empezará a resultarnos supersencillo.

Pero eso no pasa.

No hay un solo problema relacionado con sentirte solo, perdido, cansado, vacío y triste que se resuelva siguiendo una receta.

Porque lo que realmente te pasa es que te has perdido y necesitas reencontrarte.

Pero como lo que sientes está relacionado con sensaciones y emociones que están dentro, cualquier cosa que te digan o que leas te sonará a cuento chino de los grandes, porque te parecerá demasiado mágico o abstracto.

Llevamos tanto tiempo dando por válido el discurso de que vivir es una mierda y que estar mal forma parte de estar vivos que nos hemos creído que las cosas no pueden ser como nosotros queramos. Y nos lo hemos creído hasta el punto de que resulta prácticamente imposible convencer a alguien de que no es tan difícil estar, si no perfectamente bien, por lo menos muchísimo mejor.

Pero cuesta porque, como te comentaba hace unas líneas, estamos hablando de sensaciones y emociones que son cosas jodidamente abstractas. No puedes verlas ni palparlas para saber dónde carajo está la grieta por la que no hace más que entrar resignación, miedo y tristeza.

Y, para colmo, esas sensaciones no funcionan exactamente igual en todo el mundo, y eso hace que hayamos llegado a un punto en el que ya ni siquiera sabemos distinguir qué carajo es lo que tenemos.

¿Es ansiedad, depresión, estrés, agobio, miedo...?

Y, aunque estoy casi seguro de que cualquier médico podría explicarte con detalle las diferencias que hay entre las unas y los otros, los dos sabemos que tú, ahora mismo, lo único que sabes es que estás jodidamente mal y necesitas que alguien te diga cuanto antes cómo cojones estar bien.

Sé que algunos se quedan más tranquilos si les dan una palabra que les permita poner nombre a lo que les pasa, otros prefieren que les den una pastilla, algunos necesitarán pastilla y nombre...

¿Pero sabes qué?

Creo que todo eso solo te aliviará durante un tiempo, porque en realidad tú seguirás estando mal porque lo que importa de verdad no es saber qué es lo que tienes. Lo importante de verdad es saber qué lo provoca.

Y lo verdaderamente importante es que, una vez que lo encuentres, te centres en eliminarlo de tu vida o aprender a controlarlo.

Y eso es algo que no podrá hacer nadie más que tú.

Así de simple.

¿De qué te sirve saber qué es lo que tienes si cuando despiertas cada día te sientes exactamente igual, pero no sabes por qué? ¿De qué sirve tener una pastilla si cuando se pase el efecto necesitarás tomarte otra para no volver adonde estabas antes de tomarla, si no sabes por qué cuando se pasan los efectos vuelves a sentir el peso de todo lo que te rodea?

Entiendo que esas son herramientas que serán de gran ayuda, pero no serán las que resuelvan el problema.

Porque el verdadero problema estoy casi seguro de que es lo que te decía justo al principio: te ha pasado algo que te ha partido en dos y ahora está todo muy oscuro y hace frío.

Y como lo que sientes va por dentro, solo tú sabes a qué volumen está el ruido que provoca y cuáles son las cosas que efectivamente lo provocan, y solo tú podrás solucionarlo.

Insisto:

Obviamente, las pastillas y los psicólogos son una herramienta más.

La putada es que a veces funcionan y a veces no tanto.

Porque si siempre funcionaran, todos los que toman pastillas o van al psicólogo estarían perfectamente, y ya sabemos que eso no es exactamente así.

Yo no tuve suerte con el tema psicólogo. Aunque por supuesto sé que hay psicólogos muy buenos, mi experiencia me enseñó que, como en todos los trabajos, también los hay que son una puta mierda.

Y conste que tengo clarísimo que una persona puede ser perfecta para unos y terrible para otros, pero en mi caso no se trató de incompatibilidad de caracteres.

Se trató de que me tocó el gilipollas.

Después de contar mi experiencia en el anterior libro, he coincidido con muchos psicólogos que aprovechan para pedir disculpas por que me tocara el tonto y confirmarme que efectivamente lo que hizo estuvo mal, pero, por desgracia, también he coincidido con mucha gente que ha tenido experiencias parecidas.

Recuerdo a una persona que me contó destrozada cómo había recibido, por error, mensajes de su psicólogo burlándose de ella.

Tendemos a ensalzar las profesiones dando por sentado que cualquiera que elija esta o aquella profesión lo hace por la parte más humana y, por tanto, tiene un corazón como el que se espera que tenga cualquiera que decida ser esto o aquello, pero olvidamos que *profesión* solo es una palabra para resumir, de forma enorme, a lo que te dedicas.

Hay médicos maravillosos, pero también los hay que ni te miran a los ojos mientras les cuentas qué te pasa.

Así que repito lo que ya dije una vez:

Ser algo no te convierte de forma inmediata en ser bueno en ese algo o en ser buena persona.

Si decides ser psicólogo, tienes que entender que tu trabajo es lo más parecido a ser artificiero: tienes que localizar el cable que desactiva la bomba o corres el riesgo de que, en cualquier momento, todo estalle y empeore la situación.

Mi experiencia con ese psicólogo hizo que no quisiera llamar a ningún otro psicólogo jamás. No porque no confíe en ellos. Sino porque tener que buscar a otra persona que me ayudara significaba tener que volver a contar por qué necesitaba ayuda, y eso significaba volver a hacerme daño recordando lo que acababa de pasar.

PRESTA ATENCIÓN

Recuerda que lo que te contaré ahora es solo una experiencia personal y, obviamente, cualquier modificación en la medicación que estés tomando, si es que estás tomando algo, es importante que la consultes con un médico.

Pero te la explicaré por si te ayuda a identificar algo o te sirve para descubrir que no eres la única persona que al tomar ciertas pastillas se siente regular.

Y también porque a veces me preguntan qué medicación estoy tomando y ya hace años que no estoy tomando nada.

Salí con tres tipos de pastillas: Lorazepam, Risperidona y Abilify.

El titular de cómo me dejaban al tomarlas se podría resumir en…

Cerebro apagado, incapacidad de concentrarme, electricidad en lugar de sangre y ganas de absolutamente nada.

Pero como me dijeron que tenía que tomarlas, las tomaba.

Y como cada vez que explicaba cómo me sentía por dentro me decían que era normal, pues me las seguía tomando.

Hasta que un día empecé a notar que había una que, con solo pensar en que se acercaba el momento de tomarla, me ponía nervioso, dejaba de sentirme bien y mi cuerpo comenzaba a producir todos los efectos secundarios.

Mi cuerpo empezaba a comportarse como cuando el cerebro se pone a montarse pelis sobre lo mal que puede salir todo.

Así que, como justo esa semana no podía contactar con mi psiquiatra y la idea de no tomarla me parecía muy poco inteligente, decidí empezar a tomar solo la mitad, y eso me tranquilizó.

En la siguiente visita a la psiquiatra le conté la decisión que había tomado y el porqué. Ella me dijo que, por supuesto, no podía obligarme a tomar nada y que, por su parte y teniendo en cuenta cómo me iba viendo, no le parecía una mala idea si yo notaba que me hacía sentir mejor.

¿Cuál fue mi siguiente paso?

Empezar a prestar una atención milimétrica a cómo me sentía antes, durante y después de tomar cada pastilla.

Nada de tomarlas y despreocuparme hasta la siguiente tanda.

Me convertí en una especie de investigador de mis propias sensaciones, porque lo que tenía claro es que la única persona que podía saber cómo estaba yo realmente era yo. Y, poco a poco, las pastillas desaparecieron de mi vida.

Sí, las pastillas pueden ser de gran ayuda, pero muchas veces son como un filtro de Instagram: consiguen que una foto que en realidad es una mierda durante un rato no parezca tan mala. Por eso tienes que aprovechar los momentos en los que te sientes aunque sea un poco mejor para investigar dónde está el cable que falla y, cuando lo localices, convertir en una prioridad repararlo.

En mi caso, un día me di cuenta de que oír «tienes que tomarte esta pastilla» me hacía sentir que nunca podría remontar, nunca podría «reparar» ese cable.

La verdadera prueba de que puedes remontar la tienes en que millones de seres humanos en situaciones extremadamente parecidas a la tuya ya lo han hecho.

¿Lo complicado?

Que el primer paso, te guste o no, será convencerte a ti mismo de que de verdad puedes hacerlo, porque no eres muy distinto a los demás.

Y aquí viene otro problema:

Por si no fuera suficiente lo de haber instalado en nuestro disco duro el discurso de que vivir es una mierda, estar mal forma parte de estar vivo, es imposible ser feliz, etc., etc., etc., también hemos instalado otro que consiste en burlarnos de cualquier estrategia que nos suene a canción *hippie*.

Así que cada línea de este libro te aseguro que la escribo preguntándome una y otra vez cómo cojones consigo explicarte de manera que entiendas con la suficiente fuerza que lo primero que tendrás que hacer para empezar a remontar es convencerte de que podrás hacerlo.

«¿Cómo?».

No dejando pasar por alto y sin analizar ni un solo segundo en que todo pese menos.

«¿Y dónde están esos segundos, Ángel?».

En los detalles más pequeños que puedas imaginar.

Por ejemplo, aquí va uno:

Si estás en un momento en el que crees que es imposible que tu cabeza vuelva a funcionar con claridad, que estés leyendo esto es un paso muchísimo más grande de lo que ahora mismo podrías imaginar.

No porque me estés leyendo a mí. Sino porque estás leyendo. Y eso significa que eres capaz de concentrarte, aunque necesites parar cada tres líneas.

Así que te aseguro que estar leyendo esto es una pista clara de que puedes remontar.

«Pero es que yo no creo que pueda hacerlo».

Claro. Pero porque las voces que ahora mismo te provocan más ruido en la cabeza son las de «no seré capaz».

Pero, *detrás del ruido,* le acabas de poner un par de pilas a la radio donde suena la felicitación por estar siendo capaz de concentrarte un rato y, si sigues prestando atención a esos detalles, poco a poco esa radio sonará un pelín más alto cada vez.

Recuerda: sentir que estás en la mierda no significa que lo estés. Solo significa que lo sientes.

Ahora lo que tenemos que hacer es convencerte de que es una emoción simplemente pasajera y que se puede remontar.

«¿Y cómo lo hago, si me siento incapaz?».

¿Quieres saber cómo lo hice yo?

«Hombre…, ya que te he dado un poco de dinero y tiempo, lo agradecería».

OK. Yo empecé por viajar al pasado.

«¿Ein?».

Préstame un momento tu cabeza, porfa.

13

VIAJE AL PASADO

UNO DE LOS DESCUBRIMIENTOS que te permite hacer lo de estar mal es que eso significa que en algún momento tú has estado bien.

Por eso sabes que estás mal. Por contraste.

Si nunca hubieses estado bien no podrías compararlo con cómo estás ahora, y entonces simplemente dirías que estás normal o como siempre.

Pero sabes que estás mal porque lo estás comparando con algún otro momento de tu vida que claramente, desde donde estás ahora, te parece que era mejor.

Y, aunque lo que te voy a pedir que hagas ahora quizá no te apetezca nada, ya que hemos llegado aquí, nos va a tocar hacerlo.

Responde…

¿Cuándo fue la última vez que recuerdas que fuiste feliz?

No importa si fue hace dos mil años o anteayer. Necesito que viajes ahora mismo a ese recuerdo.

Y si, por lo que sea, viajar a ese momento te provoca ganas de llorar, porque coincide con un momento en el que alguien que estaba por entonces ya no está, algo que tuviste se ha perdido o algo que soñaste ya se ha roto…

Tómate el tiempo que necesites.

Yo seguiré aquí cuando me digas que lo tienes.

Que no te dé palo ni vergüenza llorar.

Hemos convertido lo de llorar en una especie de tabú y, en cuanto vemos que alguien llora, convertimos en una prioridad que pare de hacerlo en lugar de dejarle hasta que no le queden más fuerzas.

No sé si alguna vez has llorado hasta quedarte sin fuerzas, pero si no lo has hecho, te lo recomiendo seriamente, porque, aunque cuando terminas te sientes como si a tu alma le hubieran pegado una paliza, te juro que durante un rato largo notas que tu interior pesa mucho menos.

Así que, si al recordar ese momento en el que claramente eras feliz sientes ganas de llorar, llora.

Viajar a los lugares donde todo parecía estar controlado cuando estamos en la mierda duele mucho. Es normal.

Pero no te he pedido que vayamos allí porque quiera hacerte daño.

Te lo he pedido porque así podré explicarte por qué suelo hacerlo mucho yo.

Cuando salí del hospital tenía pánico a no poder demostrar cuanto antes a la doctora que me había tratado que ya estaba mejorando. Y el pánico lo provocó que, en la reunión en la que me dieron el alta, le escuché decir que probaríamos durante una temporada con las tres pastillas que te comentaba antes, pero que, si no notaban mejoría, empezarían a tratarme con litio.

Así que, por si no fuera suficiente salir del hospital totalmente confuso, hacerlo con la información de que, si no notaban una mejora más o menos rápida, me empezarían a tratar con litio, no ayudó a que mi primer impulso fuese ir a comprar confeti.

Por aquel entonces no tenía ni idea de qué cojones era el litio, pero sabía que cuando lo mencionaban en las pelis no era para crear la escena más divertida y familiar.

Quizá hubiese agradecido que la conversación acerca de «a lo mejor le damos litio» la hubiesen tenido sin estar yo delante, la verdad. Porque en mi cabeza no dejaba de imaginar que más tarde o más temprano acabarían por proponer meterme un picahielo por la puta nariz, picar con un martillo y listo.

Pero bueno… A veces las cosas son como son y no como nos gustaría que fuesen.

El caso es que yo estaba convencido de que estar bien era totalmente imposible. Y, para colmo, aunque yo empecé a fumar marihuana al dejar la tele, en mi cabeza se había instalado ya la idea de que sería imposible volver a escribir nada gracioso sin dar alguna calada que otra.

Por cierto…

Aprovecho para añadir algo para los que piensan que hay situaciones que solo les pasan a los que consumen ciertas drogas. Aunque mi opinión acerca de las drogas quedó bastante clara en *Por si las voces vuelven,* más de una vez he recibido algún mensaje de gente diciendo: «A ti lo que te pasó es que eras un drogadicto». 🤦‍♂️

Me divierte la gente que intenta hacerte daño aprovechando tus peores momentos, porque no se da cuenta de que, al pasar por ciertas cosas, te has insultado tanto tú a ti mismo que es imposible que sus insultos te hagan la más mínima herida. Son principiantes enfrentándose a profesionales.

Pero hago este inciso porque quiero ampliar algo que ya dije: aunque estoy convencido de que drogarse es meter una bala más en el cargador de las posibilidades de sufrir una movida de este tipo, he recibido MUCHOS mensajes de gente diciéndome: «Que sepas que yo viví lo mismo que viviste tú y no he tomado drogas en mi vida».

Y no lo digo por justificarme, porque créeme cuando te digo que no me puede importar menos si a alguien le parece bien o mal que yo haya consumido ciertas drogas.

Lo menciono por si estabas convencido de que algunas cosas solo te pasarán si consumes; no bajes la guardia porque tú nunca te drogues, porque estas mierdas le pasan a cualquiera.

Aunque insisto: soy consciente de que, si el brote fuera un profesor y estuviera en una clase con veinte o treinta alumnos, el que consume drogas sería el que levanta la mano y se pone a dar saltitos en plan: «¡Profe! ¡Sáqueme a mí a la pizarra!».

CALMA

Pero volvamos a que mi cabeza había decidido convencerme de que jamás podría volver a escribir nada si no era con la ayuda de las drogas.

A pesar de que ya me habían dejado claro que todo lo que había pasado simplemente había sido mi cabeza haciendo crec y yo lo tenía claro, decidí jugar un rato a que todavía quedaban voces permitiéndome que hiciera ciertas cosas mágicas y «llamé» a mi yo del futuro para echarle una bronca por haberme mentido acerca de que en el futuro todo estaría bien.

Lo que me desconcertó es que mi yo del futuro seguía insistiendo en que todo estaría bien.

Y esto que diré ahora sonará rarísimo. A diferencia de las conversaciones que tenía durante el brote, esta vez yo tenía claro que la conversación era forzada y, por tanto, podía coger el rumbo que me diera a mí la gana, porque en realidad era yo inventándome una puta charla conmigo mismo. Sin embargo, por mucho que intentaba que la voz con la que estaba hablando en mi cabeza me dijese: «Lo siento. Te mentí y ahora mismo estamos en la mierda», no podía.

No sé si era porque, durante el brote, mi cabeza había convertido a ese personaje imaginario en alguien intocable o qué mierda pasaba, pero te juro que era imposible conseguir rediseñar la imagen de aquel yo del futuro. El muy cabrón era imbatible.

Tan imbatible que estallé con un «¡¿pero cómo cojones vamos a estar bien si ya no sé escribir?!».

Y entonces, de repente, algo me rompió.

Mi yo del futuro me lanzó a la cara el pasado.

Me recordé cuando todavía vivía en casa de mis padres y todo apuntaba a que iba a ser músico de bodas, comuniones y centros de la tercera edad, aunque estuviera tonteando ya con lo de escribir algunas bromas para ver qué era eso de hacer monólogos, a pesar de que no tenía ni idea de por dónde empezar. Por aquel entonces no había redes sociales, ni YouTube, ni escuelas para cómicos, ni mil salas donde ver monologuistas. Me tocaba aprender a escribir por mi cuenta sin tener ningún tipo de experiencia.

Recordar aquellos tiempos fue como si el fantasma de las Navidades futuras me cogiese de la pechera y me llevase a ver cómo empezó todo para que me diera cuenta de que estaba confundiendo una etapa de mi vida… con mi vida.

Por simplificarlo más:

Mi yo del futuro me enseñó que una de las cosas que nos estaba retrasando el empezar a estar mejor era que mi cabeza estaba intentando convencerme de que yo era el tipo que escribía bajo los efectos de la hierba o el alcohol, en lugar del tipo que empezó a escribir cuando ni siquiera sabía de qué iba eso.

Entendí que el problema era que estaba dando por finalizada la búsqueda de quién carajo era yo en el lugar más tonto y menos práctico.

Aprendí muchas cosas en aquel viaje al pasado. Pero una de las más importantes fue esta:

No se debe confundir una etapa de tu vida con tu vida.

Ayuda entender que seguramente creas que remontar es imposible porque estás intentando volver a instalar ya la actualización donde podías hacer malabares a la pata coja, los ojos vendados y diez conos con fuego, en lugar de instalar primero la de tirar al aire una naranja, con los ojos bien abiertos y los dos pies en el suelo.

¿Quieres tatuarte una palabra?

Usa esta:

Calma.

Tienes que entender que tu cabeza ya no está en el sitio donde estaba.

Dedícale el tiempo que necesites a entenderlo, pero te aseguro que necesitas interiorizarlo exactamente igual que tienes interiorizado que si no respiras, mueres.

Da igual si lo que ha pasado te parece justo o injusto.

Da completamente igual. No puedes volver atrás y escoger que no te pase.

Tienes que entender que quien eras ya no está.

Y eso no es malo.

De hecho, cada día nos transformamos un poquito porque nos suceden cosas.

No somos estatuas de mármol a las que solo les afectan los golpes más fuertes.

Todo lo que nos sucede, por pequeño que sea, nos transforma, aunque sea un poco.

Y si es algo que te ha dolido, herido o molestado, y tú no lo procesas para ver qué clase de marca y cambio te ha supuesto, por si tienes que modificar un poco el rumbo o corregir algunas cosas, es completamente absurdo, porque entonces te convertirás en un robot que no aprende nada nunca.

Serás como una aspiradora de esas que siempre se queda atascada en el mismo rincón, entre la pata de una mesa y una silla.

Así que, igual que cuando te manchas necesitas ducharte, cuando te rompes necesitas repararte.

Sobre todo, porque aprendemos la lección cuando termina lo que sea que haya pasado y nos sentamos a pensar.

No la aprendemos mientras está en marcha el problema.

Mientras está en marcha, simplemente intentamos reaccionar como buenamente podemos.

Es cuando todo se termina cuando te tienes que sentar a ver qué cojones ha pasado, qué cosas has sacado en claro y qué harás tú para intentar que no se repita nunca más.

No es inteligente dejar que el día termine sin poner sobre una mesa qué lecciones aprendiste durante las veinticuatro horas que acaban de pasar.

Pero como generalmente no tenemos por costumbre lo de hacer balance cada noche, cuando se te va a la mierda el coco, dependiendo de cuántos años lleves vivo, pues tendrás más o menos cosas que mirar y chequear.

Por eso, incluso descubrir que en realidad eres la cara B de lo que soñabas ser es una gran pista. Porque básicamente significa que, si empiezas a hacer lo contrario de lo que sea que estés haciendo, poco a poco te convertirás en lo contrario de lo que eres ahora mismo.

Y si eso es justo lo que quieres… ¡Alehop!

Sucederá.

Eso sí, antes prepárate para tener que hacer una de las cosas más difíciles del mundo:

Romper contigo.

14

ROMPER CONTIGO

SOY MUY CONSCIENTE de que lo que yo he vivido no fue ni mucho menos algo que pueda considerarse una tragedia.

Si lo simplificamos al máximo, básicamente mi cabeza se piró a otra dimensión, me ingresaron dos semanas en el ala de psiquiatría de un hospital y al salir pensé que sería incapaz de remontar.

No tuve un accidente que me obligara a tener que renunciar a partes de mi cuerpo.

No he tenido que enfrentarme a la pérdida de algún sentido, como la vista, el habla o el oído, ni a cosas que incluso te dejan tocado un rato con tan solo escucharlas, como podría ser perder a un hijo.

Tampoco he vivido una infancia de abusos, no cometí un error que se llevara la vida de nadie por delante y no acabé teniendo que vivir en la calle durante una temporada larga sin nadie que se molestara ni siquiera en preguntar si me apetecía una manzana, un agua o un café.

Pero, aunque sé que hay vidas que parecen encadenar tragedia tras tragedia —yo mismo pude ver cómo la muerte de dos familiares míos muy jóvenes apagó de forma inmediata primero la vida de su padre y poco después la de su madre—, la mayoría de nosotros nos enfrentamos a sucesos tristes e incluso dolorosos, pero no tan trágicos como para bajar las persianas ya para siempre.

La mayoría de nosotros simplemente llega un día en que siente que todo le ha sobrepasado y no sabe ni quién es, ni dónde está, ni adónde va.

Y en ese momento, como es cierto que la cosa se nos ha complicado de forma inesperada, el cerebro apaga luces y, como ya no ve absolutamente nada más que oscuridad, el pensamiento más sencillo de instalar es: «Pues me rindo, porque salir de aquí claramente es imposible».

Por eso a veces es importante tratar de poner en perspectiva y simplificar al máximo lo que sea que esté sucediendo, y aprovechar lo que muchos ya pasaron para descubrir cómo salieron.

Deja que te diga algo con todo el cariño del mundo: lo peor que puedes hacer cuando estás mal es pasar la mayor parte del tiempo con personas que estén peor o exactamente igual de mal que tú. Es cierto que, en un momento dado, te puede servir para sentirte comprendido, pero no te ayudará a remontar. Simplemente, os arrastraréis unos a otros manteniendo en primera línea de fuego la sensación de que remontar es imposible.

Charlar de vez en cuando con alguien que esté igual puede ayudarte a normalizar la situación, pero si tienes que escoger con quién pasar un rato, intenta elegir a gente que entienda cómo estás —porque ellos también pueden haber pasado ciertas cosas—, pero que ahora esté mejor para pedirle que te dé cualquier pista que le haya servido para salir de ahí. Y no tengas ningún tipo de vergüenza en copiar exactamente todo aquello que te diga y sospeches que podría funcionar.

Nadie aprende a escalar grandes montañas rodeándose de gente que aún no sabe, o yéndose solo, con los dedos cruzados y sin cuerdas, por ahí.

Y si hay veces que te sientes un pelín mejor, compártelo y celébralo.

Permite que lo que has logrado, por pequeño que sea, eclipse lo que todavía no.

El poder que hemos dado a lo que no conseguimos es tan salvaje que la calma y el placer por lo que sí tenemos apenas duran unos minutos.

Es como si, de un tiempo a esta parte, el disfrute de las cosas terminara antes de empezar a exprimirlas de verdad.

Y me preocupa esa incapacidad de disfrutar, porque no sé si será porque estamos empezando a conseguir que decir «me encuentro bien» esté tan mal visto como decir «me encuentro mal».

Me aterra pensar que se esté instalando en las cabezas la sensación de que, así como decir que en tu coco hay problemitas puede suponer que haya gente que te mire regular, decir abiertamente que estás bien o mejor se interprete como un ataque o una ofensa hacia quien todavía está peleando, y reconocer que tú estás bien pudiera hundir un poco más a quien todavía no lo está tanto.

A mí me daba no sé si pudor, vergüenza o miedo mencionar abiertamente y por las buenas que en algún momento me encontraba algo mejor, y creo que, pensándolo desde donde estoy ahora, no lo mencionaba por el miedo a si eso se interpretaba desde fuera como que ya estaba bien del todo y empezaban a cargarme de responsabilidades que podrían tumbarme rápidamente otra vez.

Pero ahora me doy cuenta de que no mencionar abiertamente y por las buenas los momentos en los que te encuentres mejor, aunque sea en un porcentaje mínimo…, es absurdo.

Básicamente, porque si te sientes mejor, aunque solo sea un poco, significa que ha pasado algo en algún sitio que ha servido, y deberías frenar en seco para descubrir qué es lo que ha sido, y en cuanto lo descubras, instalarlo en la memoria de ese nuevo disco duro que estás intentando que sea el que te hace funcionar.

Porque, por mucho que consigas remontar, si no te prestas atención, corres el riesgo de olvidar que ese vaso que tenemos todos un día se desborde.

Que tu cabeza se haya roto no significa que ese vaso ya no esté.

Significa que, con un poco de suerte, el meneo lo ha vaciado, pero no puedes bajar la guardia si no quieres encontrarte con que, dentro de algún tiempo, ha vuelto a llenarse, gota a gota, sin que tú te dieras cuenta, y todo ha vuelto a irse al carajo.

Y la única forma de controlar ese goteo es empezando a enfocar bien tus decisiones y emociones. Entendiendo además que, en el momento en el que cambias una sola cosa, algo en ti cambia y empiezas el proceso de romper con lo que habías sido hasta ahora para ir en dirección a ser quien quieres ser.

Sin olvidarnos nunca de la palabra que decíamos hace nada:

Calma.

Porque muchas veces creo que confundimos el querer ser de otra manera con la ansiedad por querer ser otra persona de la noche a la mañana.

15

¿Y SI NO HAY MAÑANA?

OTRA DE LAS VENTAJAS que tiene lo de haber probado el menú degustación de la locura es que durante un brote psicótico algunas sensaciones desaparecen.

Es decir…

Si vives creyendo que el universo es tuyo, desaparece por completo la ansiedad por conseguir tal o cual cosa. En ningún momento durante el brote sentí ansiedad por cumplir metas. Aunque no había un solo segundo de respiro, estaba enfocado en actuar. Todo el tiempo estaba haciendo cosas.

Durante un brote no existe el mañana ni el ayer. Vives en un constante ahora.

No puedes dejar las cosas para mañana porque esa idea ha desaparecido de tu cabeza. Si ves algo que hay que hacer, lo haces al momento porque no existe otra opción.

La locura te convierte en una especie de robot que, cuando está programado para hacer algo, no puede no hacerlo. Debe hacerlo. Es como si el ayer y el mañana simplemente se convirtieran en «lo anterior» y «lo siguiente». Pero no hay una línea que separe un día de otro, y eso hace que pierdas la noción del tiempo.

«No sé si te estoy entendiendo, Ángel».

Normal.

Intentaré explicarlo de otra forma:

Imagina que hubieses nacido en un mundo donde nadie ha pensado nunca en usar el día y la noche como una especie de «separador» entre un día y otro.

Un mundo en el que no han ordenado el tiempo. No hay ni días de la semana, ni semanas, ni horas.

Nada.

Cuando naces no hay forma de saber ni qué año es, ni qué mes, ni qué día, ni qué hora, ni nada. Como mucho, sabes que has nacido cuando el árbol ese medía metro y medio, pero cuando vuelvas a mirar el árbol, si ha crecido diez centímetros, seguirás sin tener ni puta idea de cuánto tiempo llevas vivo porque no hay forma de medir cuánto ha pasado.

Duermes cuando tienes sueño, comes cuando tienes hambre y te duchas cuando sientes que debes ducharte, ya sea por asco o porque crees que alguien está intentando poseerte. Así que tu vida básicamente consiste en reaccionar a lo que vaya sucediendo justo ahora, sea el momento temporal que sea, porque el «mañana» no existe.

Y aunque esto puede sonar loquísimo, porque está claro que tener calendarios y relojes es algo bastante práctico para no llegar tarde a los sitios (y aun así hay quien sigue llegando tarde siempre), nos sirve para entender que la idea de «dejar para mañana» es algo que aparece cuando damos por sentado que mañana existirá.

Pero... ¿y si no hay mañana?

Es muy fácil dejar para mañana ciertas cosas cuando estás convencido de que, a menos que pase algo superraro, habrá un mañana.

Pero si no supieras qué es eso de *mañana,* jamás valorarías la posibilidad de aplazar nada. Simplemente harías lo que hay que hacer cuando surgiese, porque estarías construyendo en tiempo real ese mañana.

Cada vez que se cruzase en tu camino, por pequeño que fuese, algo que hacer, lo harías porque si no frenarías la posibilidad de que llegase algún mañana.

¿Conoces el juego ese en que uno dice una palabra y los demás tienen que añadir otra palabra con intención de construir una historia?

Nadie sabe cómo terminará la historia, pero al llegar tu turno dices una palabra, porque si no la dices, no habrá historia.

Y aunque vivir es exactamente así, construyes el mañana con cada gesto que hagas hoy, vivimos dando por sentado que el futuro existe sin más. Lo hemos interiorizado tanto que hablamos de él como si fuera un lugar que ya está construido, independientemente de lo que hagamos, y al que llegaremos porque nos llevará la cinta transportadora en la que vamos subidos todos.

Digamos que en lugar de entenderlo como algo que no existe y que en realidad se construye con cada decisión, lo vemos como si fuera la terminal de un aeropuerto a la que llegaremos sí o sí.

Y lo que es peor: damos por sentado que nada de lo que hagamos de forma individual influirá en el resultado, porque el futuro lo han construido otros.

Creo que confundimos tener obligaciones y rutinas con un «todo está escrito y decidido, por lo tanto, es imposible que ya nada me sorprenda».

Pero en realidad es difícil que te sorprenda por un motivo muy distinto y sencillo.

Cuando estás en pleno brote, todo te sorprende porque estás tan comprometido con lo que estás haciendo en cada momento que sientes que todo tiene su recompensa de forma inmediata.

Vamos con un ejemplo:

Para mí los colores tenían un significado. Y dependiendo de en qué objeto estuvieran, otro.

Por no entrar al detalle, iré con algo básico. Los coches negros representaban personas que pertenecían al pasado y cuya misión era que yo no consiguiera lo que sea que estuviera intentando conseguir en ese momento. Los blancos representaban una especie de ángeles guardianes que al cruzarse con los coches negros conseguían inhabilitarlos. Los rojos eran un recordatorio para que no bajase la guardia porque me estaba acercando a un coche negro o algo con intención de hacerme fallar. Los verdes significaban que todo volvía a estar bajo control. Y los grises eran coches que estaban en tierra de nadie y podían ser absorbidos por la intención del color del coche que tuvieran más cerca. Es decir..., un coche gris podía pasar a ser rojo, verde, blanco o negro en cuestión de segundos.

Es lo que tienen las autopistas: te cruzas con coches cada puto segundo.

«Pero, un momento, Ángel. Antes de que sigas con tus cosas. Mientras estabas mal del coco, ¿conducías?».

Claro.

«¡...!».

Porque ni yo no ni nadie sabía que estaba mal.

«Pero, entonces, ¿puede que haya gente conduciendo que en realidad esté en pleno brote?».

Yes.

Sé que, si nunca has vivido o tenido cerca a alguien que haya pasado por algo así, puede que creas que sufrir un brote psicótico significa que de repente sales en pelotas a la calle gritando «¡Dios me habla!» mientras intentas cazar ratas o comerte una paloma, pero la verdad está muy pero que muy lejos de eso.

Quizá, si nadie se da cuenta de que estás haciendo cosas un pelín extrañas durante un larguísimo periodo de tiempo, puedas llegar hasta ese punto de desfase, pero la mayor parte del caos tiene que ver con una nueva forma de interpretar y ver el mundo.

Obviamente, esa nueva forma de interpretar el mundo hace que más tarde o más temprano hagas algo que llame la atención, y eso será lo que dispare las alarmas de quienes tengas más cerca. Pero hasta ese momento, tú seguirás como si nada. Y si una de tus rutinas es coger el coche para salir a trabajar, comprar o cualquier cosa, aunque los motivos por los que durante un brote sales a trabajar, comprar o cualquier cosa puedan ser totalmente distintos a lo que a primera vista puede parecer..., tú seguirás cogiendo el coche.

«¿Y no es peligroso?».

Mucho.

Y lo sé porque yo mismo una vez, llegando ya a mi casa, interpreté la retransmisión de una carrera de Fórmula 1 que estaba escuchando por la radio como una retransmisión del trayecto que estaba haciendo yo y apreté el acelerador más de lo que debería por una calle donde el límite eran treinta kilómetros por hora.

Así que, para ser sincero, tuve la «suerte» de que sucedió llegando a casa en una zona en la que apenas había coches o personas. Pero si esa retransmisión la hubiera escuchado en mitad de la autopista..., prefiero no dedicarle ni una frase más a lo que podría haber pasado.

Pero volvamos al porqué te contaba todo esto.

Te lo contaba para que pudieras entender que cuando estás en pleno brote sientes las recompensas al momento.

Te sientes cada segundo como cuando consigues matar al monstruo final de un videojuego.

Ves un coche negro y piensas: «Mierda».

Pero si de repente ves que frente a él va un coche blanco, sientes el subidón de «los ángeles de la guarda se han adelantado. Bien».

Así que como vives el «problema» y la «solución» prácticamente al mismo tiempo, sientes dentro de ti la recompensa.

El problema de la vida «real» es que, entre lo que nos gustaría conseguir y conseguirlo, casi siempre hay un proceso y pasa un tiempo.

Pocas veces sucede de repente. Digamos que es un poco como ver crecer a un crío. Si eres la persona que lo tiene en casa cada día, apenas notarás que se va haciendo mayor, pero si solo ves al crío cada dos años, te sorprenderá lo mucho que ha cambiado cada vez que te lo encuentres.

Y precisamente ese espacio entre lo que nos gustaría conseguir y conseguirlo es el que hace que muchas veces algo nos parezca imposible, porque no estamos viendo resultados de una forma tan rápida como nos gustaría.

Pondré un ejemplo estúpido, pero que me servirá para estar seguro de que consigo que me entiendas.

Si tu sueño es levantar una barra con cien kilos de peso y ahora mismo solo puedes con diez kilos, tendrás que prepararte para poder con esos cien. Y la preparación llevará tiempo. No esperes pasar de diez a cien en tan solo tres semanas.

Quizá tengas que pasar un mes levantando diez kilos cada día hasta que tu cuerpo diga: «Creo que podemos intentarlo con dos más», y después otra temporada hasta que escuches que tu cuerpo dice: «Méteme otros dos, venga», y si no dejas de hacerlo, habrá un día que te verás levantando esos cien kilos.

Pero como no lo conseguirás justo en el momento que querías, seguramente te emocionará un poquito menos porque no es exactamente igual que decir: «Acabo de levantar diez kilos, pero yo quiero levantar cien. Trae *p'acá*», coger la barra, concentrarte y levantarlos.

Y, por si no fuera suficiente saber que entre lo que quieres conseguir y conseguirlo habrá un proceso seguramente más lento de lo que a ti te gustaría, encima te tocará enfrentarte a que los escenarios casi siempre sean los mismos.

La mayor parte de los días despertarás en la misma habitación de la misma casa, te ducharás en la misma ducha del mismo baño, te pondrás ropa que ya has visto varias veces, saldrás a la misma calle que ves todos los días para cruzarte con la misma gente que te cruzas siempre, para entrenar en el mismo sitio que entrenaste ayer.

Lo único distinto será que, en la barra esa que utilizas para levantar el peso, cada tres o cuatro semanas añadirás discos de un peso y de un color distinto.

Y aunque durante ese proceso tú estás construyendo algo, como es tan jodidamente lento y te parece que nada cambia, más tarde o más temprano tu cabeza intentará convencerte de una mentira del tamaño de una catedral:

No estás consiguiendo nada.

Pero es falso.

Te aseguro que cada gesto, por pequeño que sea, construye algo.

La pena es que al principio ese «algo» es microscópico.

Pero te aseguro que cada decisión, por pequeña que te pueda parecer, abre nuevos caminos que probablemente todavía no ves ni eres capaz de imaginar.

Creemos que solo los grandes cambios influyen claramente en nuestra vida, pero no es así. Simplemente, los recuerdas mejor porque lanzarte a ellos costó más y quizá incluso se convirtieron en tema de conversación durante una temporada. Pero absolutamente todas las decisiones cierran unas puertas y abren otras. La putada es que las que se cierran puedes verlas nada más tomar la decisión, pero las que se abren a lo mejor no tanto.

Por eso dejamos de prestar atención a los movimientos más pequeños. Porque creemos que no importan. Pero, después de darle muchas vueltas, no descarto que por culpa de todas esas decisiones que tomamos bajo el lema «Qué más da», en lugar de un puente, estemos construyendo una gran grieta entre lo que queremos y lo que será.

Volverme loco me dio la posibilidad de vivir sintiendo que «mañana» no existe.

Vivimos como si el futuro fuese una casilla que ya está creada, creyendo que hagamos lo que hagamos no importa, porque ya está diseñada, y, sin embargo, deberíamos vivir como si fuésemos una tuneladora que simplemente va taladrando, creando un agujero a medida que pasa, porque si no, no habrá agujero. Es simplemente un pequeño cambio de chip.

Pero cambiar la forma de interpretar ciertas cosas es difícil si las llevas interpretando una vida entera de la misma manera. A menos que, de repente, las sientas por ti mismo.

La ventaja de sentir ciertas cosas, por mucho que la culpa haya sido de un desajuste químico de tu cerebro, es que ya sabes que pueden sentirse.

Por mucho que te digan que sentir tal o cual cosa es imposible, tú sabes que no lo es.

Lo verdaderamente difícil es reinstalar esas sensaciones de forma voluntaria con la intención de que borren otras que no te están sirviendo tanto. En este caso, me refiero a reinstalar la sensación de que el mañana no existe y que si lo que quieres es realmente construir puentes entre lo que deseas y lo que será, más te vale empezar a borrar de tu cabeza eso de actuar bajo el lema «Qué más da» y no dar un solo paso sin haber pensado antes: «¿Qué haces?», «¿Adónde vas?» y «¿Por qué quieres hacer esto?».

Pero para conseguirlo toca hacer una de las cosas que hoy en día creo que es de las más difíciles del mundo:

Escuchar *detrás del ruido*.

16

DETRÁS DEL RUIDO

NUNCA HE ESTADO tan concentrado como lo estuve en pleno brote.

De hecho, esa capacidad de concentración me dejó tan fascinado que, desde hace ya algún tiempo, cuando alguien dice: «Es que menganito no me está escuchando», pienso: «¿Y por qué debería hacerlo si está concentrado en otra cosa?».

Si lo piensas fríamente, que alguien no te haga puto caso no es tanto culpa suya como tuya por no conseguir captar toda su atención, ¿no?

Vivimos creyendo que tenemos derecho a que cualquiera deje de prestar atención a lo que sea que esté pasando o esté haciendo si nosotros le exigimos que lo haga.

Y creo que es porque lo de prestar atención hasta el punto de que nada pueda descentrarte es algo que ya casi no existe.

Hoy en día muy pocas veces se consigue un nivel de concentración del que se pueda presumir.

Ejemplo:

Te sientas a mandar un *mail,* pero si mientras lo redactas te llega un mensaje de WhatsApp, dejarás de redactar para mirar quién acaba de escribir, responderás; mientras esperas que te vuelva a responder, como ya tienes el móvil en la mano, aprovecharás para mirar qué tal las redes, y si algo te hace gracia lo comentarás/compartirás. Si justo en ese instante alguien se acerca y te propone salir a por un café para que os dé un momento el aire, saldrás por desconectar un minutillo, y si mientras tomas el café te suena el móvil, pedirás a la persona que está hablando que se espere un momentito y pillarás esa llamada.

Nuestra capacidad de atención es tan flojita que... ¿a que ya no te acordabas de que la persona del ejemplo que te he puesto se ha dejado un *mail* a medio hacer?

Quizá sea porque desde hace unos años llevamos el entretenimiento encima y, en cuanto nos aburrimos un poco, tenemos mil alternativas al alcance de la mano. Si quieres ver una peli, no necesitas ir al cine; si quieres echar una partida a un videojuego, no hay por qué esperar a llegar a casa y ponerte frente al ordenador; si quieres escuchar algo de música, no hace falta esperar a que llegue físicamente a una tienda… Estés donde estés tienes la opción de desconectar un rato simplemente sacando un aparato llamado móvil.

Ni siquiera necesitas concentrarte para aprender a hacer algo porque puedes darle *play* y *pause* a un tutorial.

Aunque no paramos de repetirnos una y otra vez que el problema es que no tenemos tiempo para nada, yo empiezo a pensar que el problema es que tenemos tanto tiempo que no nos importa dejar lo que estamos haciendo justo ahora para luego.

Y al hacer eso vamos creando, sin darnos cuenta, un enorme saco lleno de *luegos:* «Luego me pongo», «Luego lo miro», «Luego lo hago», «Luego lo escucho», «Luego respondo», «Luego lo pienso», «Luego lo digo»…

Y si no me crees, préstate atención un día.

Cada vez que estés haciendo algo y lo interrumpas, párate un segundo y piensa: «¿Por qué estoy dejando de hacer lo que estoy haciendo?».

Me he hecho esa pregunta tantas veces, durante tanto tiempo en los últimos años, que ya me resulta prácticamente imposible interrumpir algo que esté haciendo sin que una voz en mi cabeza salte de forma inmediata preguntando: «¿Qué haces?», «¿Adónde vas?».

Y más me vale tener una respuesta lo bastante convincente, porque como mi respuesta me demuestre que simplemente estoy dejando de hacer, por pereza, aburrimiento o alguna otra excusita digna de seres humanos de menos de ocho años, algo que, me guste o no, tengo que hacer, agacho la cabeza y retomo lo que sea que estuviera haciendo.

Tardé mucho en darme cuenta de esto:

Casi nunca dejamos algo a medio hacer por un motivo realmente importante.

Casi siempre lo dejamos por chorradas que podían haber esperado un rato más.

Una llamada que podías no haber cogido, un mensaje que no hacía falta contestar tan tan deprisa, alguna mierda que te viene a la cabeza y que no está relacionada para nada con lo que ahora mismo estás haciendo, pero te convences de que debes resolverla, una consulta en internet que te lleva —sin saber muy bien por qué— a terminar viendo algún vídeo sobre cómo deben ordenarse los armarios, tomar un cafetito que en realidad no te apetece, recordar a menganito algo que quizá recuerda, chequear cuántos «me gusta» tiene la fotito que subiste hace un ratito…

Es como si todavía fuésemos críos que dejan el plato de comida a medias, no porque no les guste, sino porque han escuchado a otros críos jugando fuera. Con la diferencia de que ni somos críos ni hay otros críos jugando fuera.

Hoy en día hay tanto ruido tratando de llamar nuestra atención, y le hemos permitido entrar en nuestra vida por tantos rincones y tan alto, que muchas veces ni siquiera sabemos por qué hacemos lo que hacemos, decimos lo que decimos, pensamos lo que pensamos o queremos lo que queremos.

Por eso es tan importante aprender a escuchar *detrás del ruido*. Porque allí es donde están las respuestas a quién eres y qué quieres de verdad.

Para ser sincero, no es que yo lleve mucho tiempo aquí detrás. Pero lo poco que llevo me ha servido tanto como para haber dejado a medias varias cosas y centrarme en escribir un libro intentando convencerte de que dediques un segundo a pasarte por aquí.

Lo que te diré ahora quizá te resulte un poco extraño, pero es la única forma que se me ha ocurrido para explicarte de manera rápida y sencilla cómo puedes colocarte *detrás del ruido*.

¿Me dejas un momento tu cabeza?

Imagínate corriendo en el centro de una de esas maratones donde todo el mundo va cagando leches en la misma dirección.

Ahora imagina que dejas de correr y todos te adelantan.

¿Lo tienes? ¿Ya estás a solas en mitad de la nada?

Pues ahora empieza a caminar despacio y hacia donde te apetezca.

Resumiendo:

Tú a lo tuyo. Organiza tu propia maratón con tus propias reglas.

Estamos viviendo en un momento en el que, no sé tú, pero yo a veces me siento como si estuviera rodeado de críos que no hacen más que zarandearme y tirar de la pernera de mi pantalón, intentando conseguir captar toda mi atención para convencerme de hacia dónde debo ir o juzgar si lo que estoy haciendo está bien, mal o regular.

Es como si alguien nos hubiese convencido de que la felicidad consiste en convencer a los demás de que nuestra forma de actuar/vivir/pensar es la correcta.

Olvida eso. Ve a tu ritmo.

Te aseguro que por mucho que un crío te zarandee, cuando ve que no tiene nada que hacer porque tú vas a lo tuyo…, se aburre y se va.

Poco después de salir del hospital, un buen amigo algo mayor que yo me invitó a tomar café. Yo todavía estaba desorientado, asustado, agobiado, y mi cabeza no hacía más que repetirme que mi vida había acabado.

No recuerdo de qué hablamos, pero sí recuerdo algo que, aunque en aquel momento no me sirvió de consuelo y probablemente me pareció una estupidez, afortunadamente se quedó grabado en algún sitio y conseguí entender con la suficiente fuerza años después. Me dijo: «Vivir es una carrera de fondo. No un *sprint*».

Es fácil caer en la trampa de actuar por inercia y sin pensar.

Muy fácil.

Y el ruido tiene la capacidad de bloquearte hasta el punto de olvidar por qué querías hacer tal o cual cosa.

Pero te doy mi palabra de que si te preguntas de verdad por qué piensas/haces/quieres ciertas cosas y entiendes que vivir es una carrera de fondo en una pista que se va construyendo en función de las decisiones que tú vayas tomando, notarás cómo, aunque el ruido siga estando, a ti te resulta cada vez más fácil quedarte detrás.

Y te aseguro que si te centras en aprender a estar *detrás del ruido* las respuestas llegarán.

¿Te cuento un secreto?

Ahora sé que un día conseguí bajar tanto el ruido que recordé que yo quería ser cómico. No presentador.

Una semana después dejé la tele.

17

ENCAJAR EL UNIVERSO

CREER QUE HAS ENCAJADO el universo también hace que en tu cabeza pase algo muy liberador, que seguramente solo los que han pasado por algo así pueden entender:

Todas las preguntas desaparecen porque has encontrado las respuestas.

La mayoría de nosotros gastamos una energía salvaje preguntándonos cosas para las que probablemente nunca encontremos la respuesta.

¿Quién soy yo realmente? ¿Qué hago con mi vida? ¿Para qué estamos aquí? ¿Habrá algo después de la muerte? ¿Lo estaré haciendo bien? ¿Lo estaré haciendo mal? ¿Blablá, blablá, blablá?

Encajar el universo hace que todas esas preguntas desaparezcan, porque de repente entiendes tu misión de forma extremadamente simple:

Mantener el puzle encajadito.

No retrasas decisiones valorando si te corresponde a ti actuar o no frente a lo que está pasando porque es obvio que, si está pasando y lo estás viendo, tienes que actuar.

A eso es a lo que has venido al mundo. A actuar sobre lo que sea que esté pasando ahora.

Y como lo que no ves no existe, solo te importa cómo influyen tus acciones en el espacio que estás ocupando justo ahora. En ningún momento te planteas cómo podrá influir lo que tú hagas en un sitio que todavía no se ha creado.

¿Recuerdas cuando hablábamos de que durante un brote el mañana no existe?

Pues con los lugares pasa lo mismo. Los lugares que no estás ocupando no existen. Se crean a medida que tú vas llegando a ellos.

Digamos que el mundo es como uno de esos pasillos cuyas luces están totalmente apagadas y se van encendiendo a medida que tus pasos avanzan hacia el sensor.

Así que no te preocupas acerca de qué estará pasando no sé dónde, porque, al no existir, es evidente que no está pasando nada. Empezarán a pasar cosas cuando llegues.

Y lo más interesante es que, antes de llegar, puedes ir diseñando en tu cabeza cómo de perfecto quieres que esté todo.

Pero, y esto es algo a lo que te pediría que prestes atención porque creo que es importante, y además me estoy dando cuenta justo ahora, si cuando llegues al lugar está pasando o ha pasado algo jodido, aunque puedas tener algo de culpa…, no lo sentirás así.

Lo que sentirás es desconcierto porque quien ha fallado ha sido el universo.

Me acabo de dar cuenta al recordar lo que estoy a punto de contarte.

Durante el brote, como obviamente nadie sabía lo que estaba pasando, decidimos adoptar un perro: Ketto.

Si adoptar ya de por sí es un proceso delicado, cuando tienes otro en casa la historia se complica, porque necesitas asegurarte todo lo que puedas de que encajarán y no se matarán a la primera de cambio.

La decisión de que el elegido fuese Ketto fue más de Eva que mía, porque todo el tiempo que estuvimos en el lugar donde tenían a los perros yo me lo pasé en una esquina mirando al cielo, ya que, justo ese día, parece que el Ejército del Aire decidió hacer maniobras, pero mi cerebro interpretó que aquello en realidad era un dispositivo creado para asegurarse de que nadie nos molestase durante el proceso de adopción.

Así que me fui a una esquina del lugar a hablar telepáticamente con quien estaba al mando de aquel dispositivo militar y a asegurarme de que todo estaba bajo control todo el tiempo. Yo simplemente me limitaba a sonreír y hacer el gesto de OK cada vez que me señalaban lo bien que estaba reaccionando Ketto.

El viaje de vuelta lo hice con él en el asiento trasero y, obviamente, sin perder el contacto telepático con el Ejército del Aire, porque no quería que dejasen de protegernos hasta que llegásemos a casa.

Al poco tiempo de llegar, yo decidí coger el coche y marcharme a, si te soy sincero, no recuerdo dónde.

Pero al llegar a casa horas después, el panorama que encontré fue aterrador:

Xena, la perra que ya teníamos con nosotros, había enganchado a Ketto, le había hecho un corte en el interior de la boca y estaba Eva, manchada de sangre, junto a dos personas del lugar donde habíamos adoptado a Ketto, tratando de calmarla.

> Pequeño inciso para los novatos en lo de tener perro:
> Si tienes un perro y decides adoptar otro, no metas al nuevo a saco en la misma casa sin ni si-

quiera darles tiempo a conocerse, porque puedes tener sustos.

Luego no volvieron a enfrentarse nunca más y Xena quiso a Ketto con la misma puta locura con la que lo quise yo.

Pero volvamos a la historia antes de que los recuerdos me hagan tener que parar a beber agua, respirar y no culparme.

Nada más ver el panorama me bajé del coche hecho una furia, y mientras Eva no paraba de preguntarme que dónde coño me había ido y por qué me había largado nada más llegar sin ni siquiera llevar el móvil encima, yo no hacía más que pedir explicaciones acerca de qué mierda había pasado e insistiendo a voces en que aquello no podía repetirse.

Y aunque intuyo que tanto Eva como las personas que vinieron pensaban que les estaba culpando por el hecho de que hubiese habido un problema con los perros, mi enfado en realidad no era con ellos. Era con el universo.

No entendía por qué cojones dio el OK a adoptar a Ketto si sabía que nada más llegar a casa iba a enfrentarse a una pelea y generar una situación tan estresante como aquella.

A lo que voy es a que cualquiera en su sano juicio hubiese pedido perdón por desaparecer durante horas sin motivo y sin posibilidad de contactar con él en caso de que se le necesite un día en el que claramente pueden pasar cientos de cosas. Sin embargo, yo no sentí nada de culpa. Solo un desconcierto enorme sobre por qué el universo había cometido semejante estupidez.

Pero tenía clarísimo que yo no había hecho nada mal.

Y al recordar ese momento me doy cuenta de que, durante el brote, jamás sentí culpa, vergüenza o pereza.

El hecho de creer que has descifrado el universo elimina cualquier tipo de miedo sobre lo que pueda suceder.

Existir se convierte en matemática pura: si veo, siento, pienso o hago esto…, el resultado será este.

Quizá por eso todo lo que viene después es peor.

Porque quizá todos esos miedos no desaparezcan.

A lo peor, simplemente se van acumulando en un rincón para salir sin previo aviso y por sorpresa en cuanto la euforia baje.

Como cuando te emborrachas y crees que estás haciendo las cosas más inteligentes que podrías hacer, pero por la mañana descubres que mandaste un buen lote de *whatsapps* a tus ex diciéndoles «te echo de menos».

OTRA VEZ EL MIEDO

Por eso, las frases *random* que de vez en cuando sueltan los que te conocen en plan: «¿Te das cuenta de lo que podría haber pasado si…?» o «Menos mal que no tal porque si no hubiese pasado cual» o «Si en lugar de por esto, te da por aquello, hubiese sido una tragedia», solo sirven para acelerar el proceso de la vuelta de los miedos.

Esas frases solo consiguen que los miedos se vuelvan a instalar en ti con la misma rapidez que se llenaría tu estómago de agua si, al decir que tienes sed, alguien te metiera una manguera por la boca hasta el final de la garganta y abriese el grifo a tope.

Nadie debería utilizar sus miedos para intoxicar a otros.

Entiendo que los compartamos con la esperanza de que nos ayuden a apagarlos. Pero compartirlos simplemente para repartir el peso con quien tenemos delante, con intención de que en lugar de una persona asustada o agobiada seamos dos, no creo que sea ni inteligente ni justo. Y si uno de los dos encima es el que ha sufrido la movida, ni te cuento. Sobre todo, porque no será capaz de decirte: «Por favor, para. Ya lo sé».

Simplemente se quedará escuchando lo terrorífico que podría haber sido todo si llega a ser de otra manera, reforzando en su interior la sensación del dolor que ha provocado en los demás y el terremoto que quizá se haya creado por su «culpa».

Por eso, si ahora mismo estás leyendo esto porque tienes a alguien pasando por un momento complicado, te pido que controles todo lo que puedas las palabras que utilices, porque a lo mejor sin darte cuenta estás complicando que la herida cicatrice.

Hemos normalizado lo de hablarnos sin pensar, sin cariño y sin respeto.

A veces creo que molaría tener un número limitado de frases que poder decir durante el día para que la gente pensara muy bien cómo quiere utilizar las palabras que está a punto de decir.

Pero como hablar es gratis, en lugar de pensar lo que decimos, primero decimos y luego pensamos. Que es algo tan estúpido como apuñalar a alguien primero y pensar después si le querías apuñalar.

Por eso vale la pena pararse un momento antes de hablar.

Para tratar de hacer balance sobre cómo podrían afectar tus palabras en la cabeza de los otros.

18

PALABRAS

EN REALIDAD, las palabras son como las notas de una melodía.

Intentaré explicar esto de forma sencilla.

Hace poco hice un viaje en avión y desde mi asiento pude ver a un director de orquesta leyendo la partitura de una sinfonía y practicando cómo tendría que dirigirla.

Sé que estaba leyendo y no moviendo las manos en el aire como podría hacer cualquier *chiflao* porque de vez en cuando dejaba de gesticular, borraba una nota, la corregía y retomaba. Además, de vez en cuando sacaba su teléfono, donde llevaba descargado un metrónomo, ajustaba la velocidad y retomaba.

Es decir...

Ese tipo estaba escuchando una puta orquesta con más de ochenta instrumentos dentro de su cabeza y era capaz de detectar si el pavo de la flauta tocaría una nota que no era o que estaba fuera de tiempo y corregirla... ¡en el silencio de un avión!

Era capaz de saber, antes de que nadie lo escuchara en alto, si una nota estaría desafinada o fuera de tiempo para corregirla y asegurarse de que no jodiera el resto de la sinfonía.

Pues algo así pasa con las palabras.

Si no piensas bien qué dices, cuándo y cómo, y simplemente sueltas cosas sin pensar, corres el riesgo de joder toda la canción.

Igual que hay palabras que pueden salvarte,
también hay palabras que pueden hundirte.

La ventaja de las notas es que siempre sonarán igual y puedes saber perfectamente si sonarán desafinadas dentro de esa melodía.

Con las palabras no es tan fácil, porque también entra en juego quién escucha.

Por eso es importante pensar muy bien en ellas. Porque las que funcionaron con unos pueden no funcionar igual con otros.

Desde que vi a ese director de orquesta, antes de hablar intento hacer lo mismo que hacía él: escuchar la frase e intuir cómo le sonará a la otra persona. Porque, si eres capaz de hacer eso, puedes calcular mejor lo que pasará después.

Si no quieres hablar de ciertas cosas, no abras tú el cajón. Y si lo abre otro, no tienes por qué participar en mantenerlo abierto.

Igual que eres capaz de decirle a un camarero que la salsa esa no te gusta y por favor te traiga la comida, pero sin esa salsa, tienes que ser capaz de decirle a una persona que a ti ese tema te da igual o que te agota tanto que no quieres dedicarle un rato más.

Desde que salí del hospital cada vez hablo menos.

Sé que puede sonar raro si me conoces y me sigues por las redes, porque precisamente soy el tío que cada mañana sube un vídeo de un par de minutos resumiendo a toda hostia las noticias del día, pero te aseguro que, aparte de esos dos minutos, excepto con tres/cuatro personas, cada vez hablo menos.

Y es porque también tengo la sensación de que hemos dejado de escuchar.

Las conversaciones se han empezado a convertir en batallas relacionadas con querer tener razón, y eso convierte la mayoría de los encuentros en ruido, con gente que se interrumpe y que si no consigue que la escuchen, pues levanta más la voz; si no tiene nada que decir —aunque la conversación esté siendo un poco en serio—, mete una broma para ver si así consigue su momento de atención; o de repente ve la posibilidad de conseguir protagonismo porque vivió una cosa parecida a la que se está contando y no para hasta que consigue que la escuchen.

Durante el funeral de la persona que te comenté hace bastante más de seis segundos y que me llevó a confesarte mi costumbre de sentarme a charlar un rato a solas con quien acaba de morir, viví uno de los momentos más bizarros de mis últimos dos años.

Mientras su pareja, completamente rota de dolor, intentaba explicar lo terrible que había sido verle morir de repente, por sorpresa y en sus brazos, la gente, en lugar de escucharla y dejar que se partiese tanto como lo necesitara, no hacía más que interrumpirla con frases totalmente vacías, del tipo: «El tiempo cura todo», «Piensa en otra cosa», «Céntrate en lo bueno que vivisteis»…, y uno de ellos no paró hasta que consiguió interrumpirla por completo y contar que él había vivido una cosa parecida, aunque al contarla era evidente que no se parecía en nada.

Él solo hizo ruido hasta conseguir la atención de todo el mundo para no aportar absolutamente nada más que impedir que se desahogara la persona que más lo necesitaba en ese momento.

«No seas así, Ángel. A lo mejor quería ayudar».

No quería ayudar. Quería casito.

¿Quieres ayudar a los demás? Pues tatúate esto en el cerebro:

La única pista que tenemos sobre cómo está quien te está hablando es escucharle de verdad.

Y escuchar de verdad significa aprender a escuchar más allá de las palabras que se utilicen.

ESCUCHAR DE VERDAD

Sospecho que hace tiempo que lo de escuchar de verdad pasó de moda.

Ahora mismo lo que más tenemos es gente intentando que el ruido que provoca ella misma suene por encima del de otros sin pensar en cómo podrá influir en los demás lo que salga de su boca.

Y eso, cuando todavía no tienes fuerzas para ser capaz de bloquear las palabras que te lleguen desde fuera, puede marcar la diferencia entre sentir que tienes gente picando con martillos en el bloque de cemento donde metiste los pies y te mantiene hundido en lo más hondo del lago para tratar de que se rompa cuanto antes y poder sacarte a flote, o más bien gente que te va metiendo bolas de petanca en los bolsillos para que no flotes nunca más.

Durante una firma de mi libro se me acercó un matrimonio con una chica de unos veintipocos que resultó ser su hija.

A medida que se acercaron supe que la chica acababa de pasar por una experiencia parecida a la mía. No me preguntes por qué, pero entre exlocos nos reconocemos. Es como si aprendieras a ver detrás de los ojos de la persona que tienes delante.

Al llegar a mi altura, le pregunté a la chica qué tal estaba, y antes de que ella pudiera decir nada, sus padres respondieron: «Mal, porque acaba de pasar por lo mismo que tú».

La chica, por cierto, no era tímida ni muda.

Pero la cosa no acabó aquí.

Mientras les firmaba el libro, ellos me contaron muy por encima lo que había pasado y, al despedirnos, le dije: «Intenta no agobiarte demasiado por los tiempos, porque el proceso es lento. Pero poco a poco estarás bien».

Y justo cuando se empezaba a dibujar una sonrisa en su cara, la madre dijo: «Ella no estará bien nunca. Tiene que entender que estará mal para siempre».

¡PAM!

Los ojos de la chica volvieron a apagarse tan rápido como tu ordenador cuando se va la luz.

No se me ocurre una manera más rápida y sencilla de destrozar a alguien.

Fue como si, en un combate de boxeo, el tipo que está completamente KO en el suelo y con los brazos a los lados siguiera recibiendo puñetazos en la cara del que acaba de tumbarlo, mientras el árbitro come palomitas y los graba con el móvil.

Creo que mucha gente no es consciente de lo mucho que se te complican ciertas cosas con algunos comentarios.

Por si nunca has estado con el cerebro totalmente roto, hay un juego que seguro que conoces y que me ayudará para intentar explicar algo.

¿Sabes el juego ese del burro al que tienes que ir poniéndole muy despacito complementos, rollo silla de montar, cantimplora, cuerda…, pero que, si de repente pones alguno de forma brusca o mal, el burro da una coz y a tomar por culo todo?

Pues ahora imagina que ese burro es el cerebro de quien está superjodido, y los complementos, frases y gestos de la gente de su entorno.

¿Qué crees que pasará cuando en ese cerebro pones cosas del tipo «no estarás bien nunca»?

Cualquier cosa que hayas conseguido poner sin que salga todo disparado te aseguro que saldrá volando por los aires justo entonces.

Si te toca estar al lado de alguien que ahora mismo es incapaz de ver la luz, lo siento muchísimo, pero no puedes permitir que tus agobios o tus miedos se sumen a los suyos.

Hablamos sin pensar en el impacto que tendrán nuestras palabras en los otros.

No me cansaré de repetir que las palabras son una herramienta extremadamente poderosa y que, dependiendo de cómo las utilices, pueden ayudarte a construir o a destruir. A dar oxígeno o quitarlo. A calmarte o preocuparte. A darte esperanzas o quitártelas…

Pero muy poquita gente entiende esto, y la mayoría se limita a utilizar las palabras para rellenar silencios sin pensar en que cada vez que abres la boca provocas algo en el cerebro de quien te esté escuchando.

Y, sobre todo, nunca olvides que quien está mal es la otra persona.

No tú.

Esa persona.

Por supuesto, es muy duro que ahora mismo tengas que dedicar parte de tu vida a cuidar de alguien que está pasando por algo que le tiene totalmente perdido, pero quien de verdad está jodida es esa persona.

No tú.

Lo digo porque desde que arranqué un pódcast en el que charlo con personas que han tenido que enfrentarse a momentos complicados, he recibido muchísimos mensajes de gente diciendo que a ver si alguna vez hablaba con quienes hayan tenido que acompañar a personas que están mal, porque, y cito textualmente, «son los que de verdad están sufriendo».

No «los que también sufren» ni «los que, aunque de otra forma, sufren», sino «los que de verdad están sufriendo».

Deja que te diga algo incluso arriesgándome a que te enfades muchísimo conmigo:

Las personas que acompañan no son «las que de verdad están sufriendo». Las que de verdad están sufriendo son las que tienen el problema.

Por supuesto, ver sufrir a alguien a quien quieres y sentir la impotencia de no saber cómo ayudar es un problema. Un gran problema que seguro que de alguna forma también te afecta a ti.

Pero no eres la persona que «de verdad está sufriendo».

Decir eso es como si hiciéramos un *ranking* de quién debe ir primero y quién segundo en lo de tener roto el cerebro, y pusiéramos a quien lo tiene completamente roto en segunda posición.

Es importante medir muy bien las palabras que utilices junto a alguien que ahora mismo piense que ha perdido la partida.

Si no sabes qué decir, no digas nada.

Porque, por raro que pueda sonar esto que voy a decirte, puede que ahora mismo la otra persona confíe infinitamente más en tus palabras que en sus propias sensaciones.

«¿A qué te refieres, Ángel?».

Voy.

Obviamente, al salir del hospital, aparte de mi lotecito de pastillas, me asignaron a una psiquiatra.

> Pequeño inciso por si nunca has ido al psiquiatra y no sabes de qué va:
>
> Básicamente se resume en que entras en una sala, hablas con una persona a la que no conoces de absolutamente nada, pero tiene una ficha en la que pone la movida que has tenido, te pregun-

ta cómo estás y, en caso de que considere que necesitas algún tipo de medicación, te la receta.

«¿Y en qué se diferencia del psicólogo?».

En que el psicólogo no te puede recetar medicación. Te puede dar consejos y algunas herramientas (como que escribas en un diario tus movidas y no escuches música muy triste cuando notes un bajón), pero no tiene papelitos de esos que cambias por medicación en la farmacia.

Así que al psiquiatra vas con bastante más agobio por si, después de ese ratito hablando, se decide que no estás yendo a mejor y toca subir la dosis de lo que sea que estés tomando.

Y como las visitas no son precisamente muy seguidas, cada sesión se convierte en una especie de ruleta rusa de la que puedes salir con un chute de tristeza o esperanza.

En mi caso, cada visita a la psiquiatra disparaba mi ansiedad, porque era la única pista externa para saber si estaba o no estaba mejorando.

Si salía con un poquito menos de medicación, me iba contento, y si salía con la misma o un poquitín más, pues imagina.

Fin del inciso.

Como a mí me ingresaron por escuchar voces y tener pensamientos que no eran reales, se instaló en mi piel el miedo a mentir o inventar sin darme cuenta. Así que, para estar seguro de que no me inventaba nada ni mentía durante las visitas a la psiquiatra, le pedí a Eva que me acompañara para estar totalmente seguro de que mis respuestas eran ciertas.

Por supuesto, ella no podía dar fe de las cosas relacionadas con sensaciones más internas, pero sí de las relacionadas con el día a día, los cuidados a uno mismo o el esfuerzo. Y eso era exactamente lo que hacía: dar fe de que lo que contaba era verdad o matizar con cariño alguna cosa.

Sé que para Eva la etapa desde que todo estalló hasta que todo se estabilizó fue una de las más duras de toda su vida. No tengo ninguna duda de que la herí, sufrió, aguantó, se asustó, lloró, se rompió y se desesperó a niveles que no sabría explicar.

Sin embargo, jamás dejó que yo lo viera ni que su miedo o su dolor intoxicaran los míos.

Y si te soy sincero, creo que eso, en gran parte, me salvó.

Porque desde donde estoy ahora puedo intuir, al verlo en los demás, cómo hubiese sido si, en lugar de tener cerca a alguien que centró toda su energía en obligarme con cariño a levantarme, pasear, ver una peli, beber agua, tocar aunque fuera poco y mal un ratito mi piano, invitar a algún amigo a charlar de cualquier cosa simplemente por charlar o a abrazarme por las buenas un momento y seguir riendo a carcajadas sin importarle que yo no cuando algo le hacía gracia, hubiese tenido cerca a alguien que cada vez que abre la boca para dirigirse a mí o hablarle a los demás de cómo estoy, lo hubiese hecho basándose en sus preocupaciones y sus miedos.

Así que, si te toca ser quien acompaña y alguna vez no sabes muy bien qué decir, mejor no digas nada. Porque es probable que, para la persona que está rota, ahora mismo tú seas la única pista de cómo están las cosas fuera y, desde donde está él o ella, el mundo parece un lugar como el que sale en *Soy leyenda*.

Y por idiota que te pueda parecer, un silencio tranquilo o una carcajada en ese mundo dan más esperanzas que millones de palabras.

Y si notas que no puedes ayudar, sé honesto y, por mucho que te duela tener que reconocerlo, no ayudes. Es importante saber distinguir entre cuándo puedes ayudar y cuándo deberías ser ayudado.

Porque si intentas lo contrario del estado en el que estás, fracasarás y, o bien acabarás siendo arrastrado, o bien arrastrarás al otro en dirección al fondo un poco más y se complicará mucho lo de remontar.

«¿Y tú, cuándo crees que empezaste a remontar, Ángel?».

Pues, aunque no hay una fecha marcada en el calendario como «el día que empecé a remontar», si tuviera que apostar por un momento, apostaría por el día que decidí empezar a hacer lo mismo que hizo conmigo la locura y que, para ser totalmente sincero contigo, sigo haciendo:

Mentirme hasta creerme.

19

ME TOCA

UNA DE LAS MEJORES ARMAS que tiene la locura es su constancia.

Jamás se rinde.

Es como ese amigo que jamás reconocerá que puede estar equivocado y defenderá a muerte cualquier cosa antes que decir: «Tienes razón. Esto que he dicho, hecho o pensado es una tontería».

Da igual que una idea parezca imposible. Si tu cabeza decide que eres hijo de unos dioses y que puedes comunicarte con ellos simplemente desplazando tu pensamiento a otra frecuencia, no parará hasta convencerte de que eso es exactamente así.

Todo lo que suceda a tu alrededor en ese momento lo convertirá en un argumento que demuestre lo que está intentando hacerte creer.

Todo. Sin excepción.

Además, al convencerte de ciertas cosas, digamos que consigue «desbloquear» lo de que creer en otras sea infinitamente más sencillo.

Como comprenderás, si tu cerebro consigue convencerte de que eres el hijo de unos dioses, convencerte luego de que esa mariposa blanca con la que te acabas de cruzar en realidad es una señal del universo diciéndote que no te agobies porque todo está bajo control no es tan difícil.

Pero que la locura sea así de constante e insistente solo significa una cosa:

Que tú tienes la capacidad de convencerte a ti mismo.

Puede que todavía no sepas cómo controlarla, pero tenerla, la tienes, porque lo has podido comprobar.

Te has convencido de cosas loquísimas. Tu cerebro no se ha rendido por absurdo o imposible que haya podido parecerle algo. Simplemente, ha utilizado hasta la última gota de energía en mantener esa creencia.

«Sí, bueno..., pero porque se ha desajustado esto o aquello».

Ya. Pero si tuvieras suficiente de esto o aquello no se habría desajustado nunca, ¿no?

Lo que ahora tenemos que intentar es desajustarlo, pero en una dirección que nos venga bien.

O sea…, jugar a estar locos, pero «en bien».

Muy a grandes rasgos, lo que hizo mi cerebro fue engañarme. Básicamente, me hizo creer que pasaban cosas que no estaban pasando.

Fue como si, durante una temporada, mi cerebro hubiese contratado a un mago para mantener entretenida a la parte más racional sacando conejos de chisteras y mierdas de ese tipo, para que la parte irracional lo conquistase absolutamente todo.

Así que hubo un día en que me di cuenta de que mi cerebro estaba tratando de volver a hacer lo mismo que había hecho cuando decidió volverme loco, solo que, en lugar de convertirme en alguien que creía que había encajado el universo, estaba intentando convertirme en alguien que consideraba imposible remontar.

Mi cerebro simplemente estaba intentando disfrazarme de otra cosa.

Creo que el cerebro, muy a grandes rasgos, es un poco…

¿Sabes esas pelis en las que a alguien se le mete un bicho dentro y se da cuenta de que lo que está intentando el bicho es conquistar hasta el último rincón del cuerpo y, si no se corta el brazo cuanto antes, se acabará convirtiendo en un puto mutante?

Pues creo que el cerebro hace una mierda parecida, pero con las sensaciones.

Si se le mete en las narices que quiere convertirte en alguien que se flipe creyendo que las estrellas en realidad son agujeritos que ha hecho alguien en una puta lona para poder espiar todo lo que hagamos desde arriba, no parará hasta conseguirlo, y si se le antoja convertirte en alguien que decide que lo único que tiene ya sentido es rendirse y resignarse, pondrá a todo su equipo a trabajar en esa idea.

Es como si el cerebro necesitara instalar en tu cabeza alguna historia y, si no le pones freno intentando elegir tú qué disfraz quieres llevar, pues lo consigue.

Así que, para complicar un poco su conquista, decidí invertir todas mis fuerzas en convencer a mi cerebro de que conquistarme e instalar que todo estaba hundiéndose de nuevo era imposible, porque claramente yo era una persona que no estaba tan mal.

¿Sabes esas pelis donde alguien empieza a manipular las situaciones para que otra persona empiece a dudar de sí misma?

Pues ese era el plan: manipular yo a mi cerebro.

Lo primero que necesitaba eran pruebas.

Obviamente con palabras no iba a poder ganarle, porque claramente él es mejor. Por mucho que yo le dijera «estamos bien», el que controlaba las emociones era él. Intentar convencer al cerebro soltando frases tipo «estamos bien» no serviría de nada, porque, con lanzarme un «pues por aquí noto una cantidad de culpa que podría enterrar planetas», ganaría, y a tomar por culo el plan.

Así que necesitaba construir pruebas materiales de las cosas, porque todos sabemos que la regla número uno del cerebro es: «Si no lo veo, no lo creo».

Con lo cual, si ahora mismo no sabes ni por dónde empezar, lee esto muy despacio para que tu cabeza pueda entenderlo con la suficiente fuerza:

Hacer las cosas bien es muy difícil.
Hacerlas un poquitín mejor que ayer es muy sencillo.

Darme cuenta de eso fue —y sigue siendo— clave para mí.

No despierto queriendo hacer las cosas bien de la noche a la mañana. Despierto queriendo hacerlas un poquitín mejor que ayer. Con la esperanza de que, si cada día las hago, aunque sea mínimamente mejor, llegará un día que estarán bien, y así, aunque quizá nunca llegue al grado de perfección que a mí me gustaría, disfruto de la sensación de que, de ayer a hoy, lo que depende única y exclusivamente de mí lo he mejorado, aunque sea un poco.

Y aquí viene la parte en la que entenderás por qué insisto tanto en la importancia de no esperar a tocar fondo para reconstruirte o reenfocar:

Cuanto más cansado estés, más esfuerzo toca hacer.

Hacer las cosas un poco mejor cuando estás bien es muy sencillo.

Hacerlas un poco mejor cuando estás mal te parecerá imposible.

Por eso creo que no tiene sentido abrumar sugiriendo mil actividades a quien ahora mismo pueda estar en lo más hondo.

Porque, aunque seguro que con el tiempo podrás hacer tantas como quieras, ahora mismo, que te lancen una lista que te haga sentir que lo que tienes que hacer para estar bien es convertirte en alguien que no has sido nunca ni te ves capaz de ser te hará sentir que es imposible.

Pero créeme cuando te digo que, si simplemente intentas hacer algunas cosas un poquitín mejor que ayer, aunque te puedan parecer tan ridículas e insignificantes como lavar un plato justo después de haberlo usado, en lugar de dejarlo sucio en el fregadero, cuando termines de lavarlo pasará algo que no podrás evitar. Y es que la parte de ti que intenta convencerte de que no vales para nada se callará por lo menos un segundo tratando de descubrir qué cojones ha fallado en su plan de hundirte para que no hicieras nada, y tú no podrás evitar una sonrisa de «minipunto para el loco».

Pero tienes que centrarte en cosas cuyo resultado puedas ver en cuanto termines de hacerlas, porque esas son las que tu cabeza no podrá discutir que han sucedido.

Insisto:

Aunque te parezcan chorradas tan grandes como tirar la basura en lugar de apretarla para que te quepa un poco más y retrasar lo de tirarla, cambiar la pila de un mando a distancia para no tener que apretar cuarenta veces antes de que cambie de canal o ponerle Tres en Uno a las bisagras de esa puerta que chirría cuando la abres o la cierras.

Haz cosas con las que tu cabeza pueda sentir la recompensa de forma inmediata, porque al hacerlas tu cabeza está obligada, sin que puedas impedirlo, a generarte una sensación de «enhorabuena».

Y, poco a poco, esa sensación de «enhorabuena» se empezará a convertir en seguridad y ganas de ponerte a resolver temas más grandes.

Aunque solo sea porque los más pequeños ya los has resuelto.

Lo que necesitas ahora es que la parte de tu coco que intenta convencerte de que no sabes ni puedes hacer nada tenga que callarse a ratos, quiera o no. Y como tú no eres capaz de hacerlo de forma voluntaria, porque tienes parte del cerebro intentando convencerte de que no vales absolutamente nada, lo que necesitas es hacer cosas que tengan recompensas indiscutibles y visibles de forma inmediata para que callen a esa voz por ti.

«¿Aunque esas cosas no tengan nada que ver con el problema que me esté aplastando?».

Especialmente si no tienen nada que ver con el problema que te está aplastando.

Si tienes que escoger entre quedarte sin hacer absolutamente nada dando vueltas a lo mismo o darle vueltas a lo mismo mientras por lo menos cambias la bombilla de esa lámpara que lleva un mes fundida, escoge la opción dos.

Porque te prometo que, al menos, la próxima vez que enciendas esa lámpara, tu cabeza no podrá evitar gritar

«¡por fin!» en lugar de «tenemos que cambiar esa bombilla» y, aunque sea por un segundo, sentirás algo de calma en todo el cuerpo.

Digamos que intuí que, igual que un vaso podía llenarse de locura gota a gota, también se podría usar ese sistema para llenar un vaso de cordura, fuerza y ganas, ¿no?

**Subestimamos el poder
de las acciones más pequeñas.**

Y es gracioso porque, al fin y al cabo, nuestra vida se va creando a base de pequeñas acciones.

No aprendemos nada de repente.

No hay una noche en que te acuestas sin saber leer ni escribir y al abrir los ojos sabes leer y escribir sin haber tenido que escribir cien veces mal ciertas palabras.

Te aseguro que pasaste bastante tiempo intentando aprender que la *p* con la *a* suena *pa*. Y, sin embargo, ahora eres capaz de escuchar las letras *p* y *a* por separado y saber cómo suenan las dos cuando están juntas.

Incluso para columpiarte tuviste que pasar un rato procesando que debes estirar las piernas cuando el columpio vaya *p'alante* y doblarlas cuando vaya *p'atrás* si lo que quieres es que cada vez vaya más rápido. Y si quieres frenarlo, es tan simple como hacerlo al revés. Doblarlas cuando vayas *p'alante*, estirarlas cuando vayas *p'atrás*.

¿En serio crees que aprender a estar bien pasará de repente sin que te tengas que caer todavía cien veces más?

Vivir es un puto juego.

Lo único que podemos hacer es intentar mejorar cada día un poquitín en lo que ya sabemos que nos tocará hacer prácticamente a diario —hablar, pensar, mirar, escuchar, transmitir, decidir...— e intentar que, si en algún momento nos sale la carta «gran tragedia», no derrumbe todo lo que llevamos construido.

Mi vida es jodidamente distinta desde que pasó lo que pasó.

Al no saber cuándo cayó la primera gota que empezó a llenar el vaso que acabó por romperse en mi cabeza, decidí vivir prestando una atención microscópica a mis decisiones. Porque, como sé que en lo que me queda de vida me equivocaré muchas muchas veces y tendré que pasar por cosas por las que no me apetecerá pasar, quiero por lo menos ser capaz de sentir caer esa gota para, cuando esté calmado, tener alguna pista sobre cómo vaciar un poco el vaso.

Hace nada alguien me preguntó: «¿Hay algo que eches especialmente de menos?».

Y dije: «No».

Pero ahora que estamos tú y yo solos, ¿quieres que te diga la verdad?

Echo de menos no saber que se podía ir todo a la mierda en cuestión de un segundo.

Echo de menos no saber que las relaciones pueden salir mal, que algunos amigos no son tan amigos, que puedes olvidarte de quién eres realmente, que hay trabajos que no son lo que crees, que siempre habrá alguien intentando hacerte daño, que a veces las hostias te llegan por donde no esperas, que no puedes controlarlo todo, que hay cosas y personas a las que nunca sabrás cuánto querías hasta que sea tarde para decirles otra vez «te quiero», que a veces te subes al tren incorrecto, que hay sueños que en realidad son caprichos, que puedes hacer mucho daño diciendo que «sí» si después es que «no», que no siempre te quieren con tus mismas ganas o no siempre quieres tal y como se espera, que hay gente que inventa mil mierdas por llamar tu atención y luego te olvida, que las decisiones y el pasado pesan, que la culpa es capaz de convertirse en piel y que si te olvidas de ti se irá todo a la mierda.

Eso echo de menos.

Echo de menos no tener toda esa información, porque tenerla significa que lo he vivido.

Y, aunque haberlo vivido sirve de experiencia, hasta que aprendes bien a manejarlo, todo eso se convierte en un tapón para lo que pueda venir. Porque, por culpa de haberlo vivido, a veces cuesta la vida no arrancar cualquier cosa con un muro infinito de miedo, vergüenza y prudencia. Y sé que, hasta que no lo derribas, ese muro te impide poder disfrutar plenamente de lo que supone estar vivo.

El bache en el que estoy ahora mismo es el de estar siempre midiendo, incluso sin darme cuenta, las posibles consecuencias de cualquier cosa que haga.

Porque por fin (casi) me conozco y sé que para ciertas cosas todavía no estoy fuerte.

Todavía no estoy fuerte para poder tropezar con piedras parecidas a las de mi pasado sin sentirme idiota.

Ahora necesito una temporada larga de sentir que voy acertando para así, cuando llegue el ruido, poder yo sacar un ejército que desde detrás grite bien fuerte un «¡con esto acerté!».

Por eso hablo poco, escucho mucho, pienso más, juzgo nada, voy despacio, me enfrento al dolor que provoque cualquier decisión si debo tomarla para sentirme mejor, en cuanto surge algún miedo no paro hasta localizar dónde nace, confío en las señales, intento subirle el volumen al señor Sé Listo, me felicito cuando hago algo bien y, si no me entienden, intento explicarme un poquito mejor.

Hace algún tiempo me di cuenta de que, si nadie te entiende, quizá simplemente sea porque no te estás explicando.

Parece algo obvio, pero cuando no consigo que me entiendan, asumo que no me estoy expresando bien, trato de ponerme en el lugar del otro y buscar las palabras con las que intuyo que conseguiré explicarme.

Me desespero menos y casi siempre consigo que me entiendan.

Y a pesar de que ahora mismo estoy en un bache que pinta que es largo y cansado, porque, quieras que no, son muchos años de una vida en marcha sin casi pensar, también te confieso que, aunque muy poco a poco, estoy consiguiendo que el muro de miedo, vergüenza y prudencia sea cada día un pelín más bajo gracias a echar un vistazo en la cara B de las experiencias que construyen los muros.

LA CARA B

Todos los discos tienen dos caras y, para saber en cuál de las dos está tu canción favorita, toca escucharlas.

Echar un vistazo a la cara B de lo que hayas vivido seguramente te enseñe cosas que no recordabas.

Si miras con calma esa cara, verás que también hay relaciones que si las transformas a tiempo pueden salir bien, que hay personas que se quedarán sujetando cuando no puedas más, que puedes construirte de forma consciente prestando atención a lo que necesitas realmente, que hay trabajos que pueden llenarte más de lo que pensabas, que a veces te llegan caricias que no te esperabas, que no puedes controlarlo todo, pero no siempre eso es malo, que como hay gente a la que nunca sabrás cuánto querías hasta que sea tarde para decirle otra vez «te quiero», mejor dilo ya, que a veces te subes a trenes correctos, que de los incorrectos te puedes bajar, que hay sueños que a veces se cumplen, que a veces te quieren más de lo que imaginas, que hay gente que no inventa nada porque simplemente disfruta del tiempo contigo, que las decisiones y el pasado importan y sirven de archivo de qué no debes repetir, que la culpa puede convertirse en piel, pero con luz y calor se despega, y que si nunca te olvidas de ti todo saldrá bien.

¿Quieres saber en qué consiste vivir?

Vive.

Esa es la única clave:

Vive.

«¿Me haré daño?».

Con frecuencia.

¿Alguna vez has ido mirando por la ventana de un tren el lugar por el que estás pasando y de repente pasa otro a toda hostia en dirección contraria y das un pequeño respingo porque no contabas con que pasara eso?

Pues algo así es vivir.

Cuando crees que ya sabes lo siguiente que vendrá, un tren en dirección contraria pasa a toda hostia y te sobresalta un poco.

Ninguno sabemos cómo acabará nuestra vida.

Ninguno.

Así que intuyo que lo único que tiene sentido es vivir con la intención de que, cuando ese momento llegue —si es que llega—, mires donde mires, tengas la impresión de que justo en ese instante eres feliz.

De que justo en ese instante no hay heridas sin cerrar o sanar.

De que justo en ese instante no hay una conversación pendiente.

De que no te dejas ni un «te quiero» sin decir.

De que no quedan mil sueños todavía cogiendo polvo.

De que no haya mil preguntas sin respuesta sobre «¿Qué hubiese pasado?», «¿Cómo hubiese sido?», «¿Dónde habría llegado?», «¿Por qué no lo intenté?».

De que incluso te piras con el corte de pelo que te gusta, tarareando una canción que te flipa.

En definitiva, vivir con la intención de que, justo en ese instante, sepas que, aunque por supuesto hubo ratitos donde todo estuvo oscuro e hizo frío, siempre supiste hacer un fuego para conseguir algo de luz.

¡Ah!

Y si al cerrar los ojos consigues que la gente diga: «Le echaré mucho de menos», premio gordo.

O, por lo menos, así lo veo yo.

Y, por mi parte, juraría que nada más.

Bueno, sí.

Solo una cosa.

Punto para los locos, otra vez.

Y recuerda:

Sé listo. Muchas veces…, solo es la estela.

Te quiero mucho.

A hacer cosas.

Por cierto…

«Las sombras cambian su forma
dependiendo de dónde reciban la luz».

Acaba de resonar esa frase *detrás del ruido.*

Voy a ver si descubro qué cojones significa.

#Post-it.